청소년용
9~15세

101가지 더 많은
생활기술 게임

배우기, 성장하기, 사이좋게 지내기

Bernd Badegruber 지음

송길연, 유봉현 옮김

Σ 시그마프레스

101가지 더 많은 생활기술 게임 청소년용 : 9~15세
배우기, 성장하기, 사이좋게 지내기

발행일 | 2016년 8월 16일 1쇄 발행

저자 | Bernd Badegruber
역자 | 송길연, 유봉현
발행인 | 강학경
발행처 | (주)시그마프레스
디자인 | 송현주
편집 | 김성남

등록번호 | 제10-2642호
주소 | 서울특별시 영등포구 양평로 22길 21 선유도코오롱디지털타워 A401~403호
전자우편 | sigma@spress.co.kr
홈페이지 | http://www.sigmapress.co.kr
전화 | (02)323-4845, (02)2062-5184~8
팩스 | (02)323-4197
ISBN | 978-89-6866-786-2

Spiele zum Problemlösen, Band 2

Original Edition in German: Bernd Badegruber : Spiele zum Problemlösen, Band 2.
Veritas, Linz-Austria. Illustrated by Alois Jesner
All rights reserved.
Korean language edition ⓒ 2016 by Sigma Press, Inc. published by arrangement
with VERITAS

* 책값은 뒤표지에 있습니다.
* 이 도서의 국립중앙도서관 출판예정도서목록(CIP)은 서지정보유통지원시스템 홈페이
  지(http://seoji.nl.go.kr)와 국가자료공동목록시스템(http://www.nl.go.kr/kolisnet)
  에서 이용하실 수 있습니다.(CIP제어번호 : CIP2016018757)

차례

역자 서문 ·· ix
저자 서문 ·· xi

소개

아동과 놀기에 대한 생각 ··· 1
놀이치료와 게임교육 ··· 3
이 책의 사용법 ·· 4
간략함에 대한 짧은 글 ·· 5
게임에서 사용된 아이콘의 검색표 ································ 6

나 게임

내가 느끼는 것 ·· 10
내가 생각하는 것 ··· 33
나는 어떤 사람인가 ··· 38

너 게임

너를 알아 가기 ·· 52
너를 받아들이기 ·· 77
너와 함께 작업하기 ··· 86

우리 게임

집단 워밍업 게임 ··· 98
협동 게임 ··· 108
통합 게임 ··· 123
관계 게임 ··· 136
공격성 게임 ·· 145

더 많은 상상 더하기

동상과 조각하기 게임 ··· 168

모의 게임 ··· 180

사회적 역할극 게임 ··· 187

찾아보기 197

특수 범주로 배열한 게임 199

게임 차례

		짝	4명 집단	8명 집단	사람 수 무관
쪽번호	**게임명**				
나 게임					
내가 느끼는 것					
10	내 기분 그림				●
12	플래시 불빛 게임				●
14	기분 표시기				●
16	기분을 표현하는 신체언어				●
18	기분 그리기				●
21	기분 쌓기				●
23	기분 편지				●
25	무드 음악				●
27	기분 풍경				●
31	기분 주사위				●
내가 생각하는 것					
33	브레인스톰				●
35	생각 끝내기				●
나는 어떤 사람인가					
38	보이지 않는 사람				●
40	누가 그렇게 말했나?				●
41	유명한 특성				●
42	꿈꾸는 사람들				●
43	'나' 박물관				●
45	재주와 특성				●
47	나의 형용사 추측하기				●
49	성격의 조각				●
50	도움 요청				●
너 게임					
너를 알아 가기					
52	내 이름에 대한 이야기				●

쪽번호	게임명	짝	4명 집단	큰 집단	사람 수 무관
54	내 이름은?				●
56	이름 수수께끼				●
58	집잽 이름들				●
60	안녕, 잘 가				●
62	도중에 만나다	●			
64	두 가지 면접	●			
66	일회성 비밀	●			
68	머리는 정직하고, 꼬리는 거짓말을 한다	●			
70	소문 공장		●		
72	여러분이 어떤지 보세요	●			
73	좋아하는 장소	●			
75	그림 선물				●

너를 받아들이기

77	예 아니요 예 아니요				●
79	스파이				●
81	동물 도구상자				●
82	스무 고개				●
84	꼬투리 안의 콩알 두 개				●

너와 함께 작업하기

86	놀라운 양 손 펜	●			
88	엄청난 두 머리 예술가	●			
89	우리는 같은 생각을 하고 있어	●			
91	하늘을 나는 색깔	●			
93	두 작가, 한 이야기	●			
95	우연한 동반자	●			

우리 게임

집단 워밍업 게임

98	구두점				●
100	이름 사슬				●
102	어두운 숲 속에서 길을 잃다				●
104	뿌리에 걸려 넘어지다				●
106	수풀을 통과해서				●

쪽번호	게임명	짝	4명 집단	큰 집단	사람 수 무관
107	구피 게임				●
협동 게임					
108	원 안으로 들어와				●
110	너는 나랑 같니?				●
112	우리는 닮았어		●		
114	생일 선물		●		
116	교실 설계하기		●		
118	아파트 설계하기		●		
119	도시 설계하기		●		
120	우주 탐험				●
통합 게임					
123	손끝으로 보기				●
125	맹인과 영화				●
127	일상생활에서의 맹인 역할	●			
129	맹인 집단				●
131	맹인 연합				●
133	난청				●
135	사지 장애				●
관계 게임					
136	집단망				●
138	생일 파티				●
139	집단에서 나의 자리				●
141	거미집 망				●
142	이름란				●
143	돌 모음				●
144	궤도 게임				●
공격성 게임					
145	좋은 것				●
147	칭찬 대통령				●
149	정치 놀이				●
151	위협의 원				●

쪽번호	게임명	짝	4명 집단	큰 집단 (8명)	사람 수 무관
153	다툼			●	
154	전쟁춤				●
156	대결				●
158	시련				●
160	보안요원				●
163	첩보원 게임				●
165	추적				●

더 많은 상상 더하기

동상과 조각하기 게임

쪽번호	게임명	짝	4명 집단	큰 집단 (8명)	사람 수 무관
168	얼어붙은 쌍				●
170	정서 조각하기				●
172	동상 집단				●
174	가족 동상				●
176	기분 표시기 동상				●
178	정지 화면				●

모의 게임

쪽번호	게임명	짝	4명 집단	큰 집단 (8명)	사람 수 무관
180	새 고속도로				●
183	저수지				●

사회적 역할극 게임

쪽번호	게임명	짝	4명 집단	큰 집단 (8명)	사람 수 무관
187	립싱크				●
189	그림자 놀이				●
190	역할 바꾸기				●
191	인터뷰				●
192	보고서				●
193	도플갱어				●
194	안과 밖				●
195	에픽 게임				●
196	개별화된 영향력				●

역자 서문

현대의 여러 가지 사회적 변화는 적절한 생활기술의 필요성을 증가시켰습니다. 생활기술은 사회적 기술과 정서적 기술을 포함합니다. 이 101가지 생활기술 게임은 게임을 통해 생활(사회정서적)기술을 길러 주기 위한 것입니다. 101가지 더 많은 생활기술 게임(청소년용 : 9~15세)은 101가지 생활기술 게임(아동용 : 6~12세)과 자매서입니다.

역자들은 그동안 사회적 기술을 길러 주는 데 도움이 될 책들을 번역하고 알리는 데 힘써 왔습니다. 생활기술에 속하는 사회성 발달이나 정서발달 관련 프로그램의 상당 부분들은 서구 특히 북미권의 기존 프로그램들을 사용한 경우가 많습니다. 이러한 사회적 기술훈련들은 체계적이며 실행 과정에서 자신의 행동과 생각을 돌아보고 말로 표현할 것을 요구합니다. 그런데 우리나라 학생들은 학교와 생활에서 부딪히는 문제의 각 단계를 이성적, 합리적으로 생각하고 말로 표현하는 훈련을 받아 본 일이 거의 없거나 적습니다. 또한 최근에는 아동·청소년들이 생각하는 것 자체를 귀찮아하는 경향이 커지고 있는 것으로 보입니다. 그러다 보니 생활기술을 배울 때 생각하라고 요구하게 되면 학생들은 흥미가 줄어들고 힘들어합니다. 이처럼 생각하고 말로 표현해야 하는 훈련 과정은 학업 스트레스로 힘든 학생들에게 또 다른 부담을 주는 것 같습니다. 그런 이유로 학생들이 좀 더 재미있게 적극적으로 참여하게 할 방법이 없을까 하는 고민을 하던 차에 생활기술 게임을 알게 되었습니다.

모든 아동은 놀 수 있고 어떤 아동이라도 배울 수 있다. 이것이 생활기술 게임의 바탕이 되는 기본 전제입니다. 생활기술 게임의 목표는 어떤 교육현장에서나 아동·청소년이 즐거운 게임 활동을 통해 생활기술을 배우게 하는 것입니다. 학습의 형태를 취하지 않고 놀이처럼 게임을 하면서 그 과정을 통해 생활기술을 배우게 되는 것입니다. 따라서 아이들은 어떤 부담감도 갖지 않고 게임에 참가할 수 있습니다. 그래서 치료가 일차적인 목표는 아닙니다. 물론 일차적인 목표가 치료가 아니라고 해도 치료 장면에서 잘 활용할 수 있습니다. 다만 놀이로서의 게임을 통해 이러한 것이 이루어지길 기대하는 겁니다.

게임은 '나 게임', '너 게임', '우리 게임', '추가적인 게임'으로 이루어져 있습니다. 각 게임이 갖는 특성에 따른 분류(넓은 공간이 필요한 게임, 소품이 필요 없는 게임, 신체적 접촉이 없는 게임 등)도 책 뒷부분에 포함되어 있습니다.

이 생활기술 게임은 아동 · 청소년을 현장에서 만나는 초중등 교사, 특수교사, 상담자, 아동 · 청소년 캠프 지도자에게 유용할 뿐만 아니라 아동 · 청소년을 대상으로 한 프로그램을 개발하는 분들한테도 좋은 자료가 되리라 생각합니다.

이 책을 번역하도록 도와주신 (주)시그마프레스의 강학경 사장님과 꼼꼼하게 편집을 해 주신 편집진에게 감사드립니다. 현장에서 애쓰시는 교사와 아동 · 청소년 전문가 여러분 모두 즐거운 생활기술 게임을 통해 생활기술의 향상을 경험하시길 바랍니다.

역자 대표

저자 서문

생활기술은 무엇인가? 인생에서 성공하기 위해 필요한 실천기술 외에도 아동은 잘 적응하는 성인이 되기 위해 사회적 기술과 정서적 기술을 발달시킬 필요가 있다. 이러한 기술들이 이 책의 핵심이다.

특히 이 책과 101가지 생활기술 게임(아동용 : 6~12세)에 있는 게임들은 다음과 같은 영역에서의 능력과 인식을 키우기 위해 만들어진 것이다. 그 영역은 자기인식, 정서의 자기조절, 능동적 경청, 언어적 및 비언어적 의사소통, 다른 사람들과 쌍으로 그리고 좀 더 큰 집단으로 협력하기, 다른 사람의 감정을 관찰하고 이해하기이다. 이것들은 핵심적 기술이고 성공적 인생의 기초 요소다. 학급이나 캠프에서 이 책에 있는 게임에 참여하는 것은 아동이 안전하고 지지적인 환경에서 발달하도록 도울 것이다.

우리는 사회 · 정서 발달의 이 영역을 생활기술보다는 생활가치로 부르는 걸 고려했다. 그러나 우리가 도덕적 원리를 추천하거나 옳고 그른 것이 무엇인지를 기술한다고 독자들이 잘못 생각하는 걸 바라지는 않았다. 오히려 초점은 자기인식과 다른 사람들과 잘 지내는 기초적 기술의 발달에 있다. 일단 이러한 기초가 자리 잡으면 아동은 독립적이 되는 데 필요한 기술을 배울 준비가 된다. 이 기술들은 다른 책들에서 언급되고 여러분의 자녀가 좀 더 자랐을 때 더 가치를 갖게 될 것이다.

학교상담자들과 교사들은 교실환경에 동화되는 데 어려움을 겪는 아동의 수가 증가하는 것에 주목했다. 이런 아동들을 돕기 위해 상담자들은 부모, 교사, 교육자, 다른 성인들의 강력한 참여에 의존해야 한다. 이 책은 그들을 돕기 위해 만들어졌다.

교실에서 문제가 있는 아동들은 다른 사람들에게도 문제를 일으키는 경향이 있다. 이 아동들은 사회적 기술과 문제해결 기술을 발달시킬 모델이 필요하다. 구조화된 집단 안에서 그들은 사회적 행동을 경험하고 시험해 볼 수 있다. 그들은 일상의 실제와 다른 아동과의 접촉을 통해 배울 수 있다. 가상적 상황은 도움이 될 수 있다－가상 상황에서 아동은 안전을 찾을 수 있다. 이 책의 게임을 사용할 때 아동들은 재미있어하면서 현재 교실에서 일어난 갈등이나 가상적 문제를 다룰 수 있다. 이는 그들이 미래에 일어날 실제 상황에서 그것들을 다룰 준비를 하도록 돕는다.

생활기술은 집단 수준에서도 효과가 있어서, 집단 구성원은 미래의 문제를 자신감을 갖고 직면할 수 있으며 집단으로서 문제해결 능력을 발달시킬 수 있다. 강력한 집단 내에서 안전하다고 느끼는 아동은 집단 밖에서 문제에 부딪힐 때도 더 잘할 것이다.

이 책에 있는 게임들은 게임이 목표를 달성하는 방식에 따라서 네 부분으로 배열되어 있다.

나 게임(I Games)에서는 의사소통이 대부분 일방향이다. 여기서 중심기술은 자신을 탐색하고 자기가 관찰한 것을 표현하려는 아동들을 대상으로 한다. 물론 아동들은 다른 사람이 말하는 것을 경청한다. 그러나 말해진 것이 무엇인지에 대해 집단이 생각해 볼 점은 없다. 질문도 하지 않으며 응답도 하지 않는다.

너 게임(You Games)은 파트너를 지각하는 방식에 초점을 둔다. 그 게임들은 관찰, 질문하기, 반응하기, 말하기, 생각해 볼 점 등을 통해 파트너에 대해 더 많이 알려고 한다. 이 게임을 함으로써 그들은 자신에 대해 좀 더 많이 알고, 다른 사람과 더 가까워지며, 점점 더 많은 집단의 사람들과 가까워지게 된다.

우리 게임(We Games)은 집단 내에서 자신을 적응시키는 것 배우기, 집단 안에서 자신의 위치 알기, 집단 구성원과 집단 자체의 강·약점을 인식하고 사용하기와 같은 목표를 강조한다. 아동들은 집단 변화, 즉 집단 특성이 수시로 변하는 것도 배울 수 있다. 집단 내에서의 위치·관계·분위기·잠재력은 부분적으로는 안정적이고, 부분적으로는 상황에 따라 변한다.

우리 게임에서 집단 구성원은 자기 집단과 다른 집단 사이의 차이를 인식하고 다른 집단을 어떻게 평가하고 받아들일지를 배운다.

이 책의 앞에 있는 게임에서 잘하게 되면, 집단리더는 네 번째 부분인 더 많은 상상 더하기(Adding More Imagination)에 있는 게임을 실시할 수 있다. 이 게임들은 규칙은 더 적고 창의성은 더 많이 허용된다.

네 부분 각각에서 많은 게임들이 '생각해 볼 점'이 있고 '역할극'이 제시된다.

생각해 볼 점은 게임에 의해 열린 학습과 논의의 가능성을 최대화하기 위해 집단리더가 아동들에게 물을 수 있는 질문의 예이다. 역할극 제시는 참가자들이 서로를 '특성에 맞게' 만나는 걸 가능하게 함으로써 게임에 또 다른 차원을 추가한다.

우리는 이 책 전반에 걸쳐 남성명사와 여성명사를 번갈아 사용했다. 물론 모든 '그'는 '그녀'가 될 수 있고, 모든 '그녀의'는 '그의'가 될 수 있다(이 부분은 혹시 있을 수 있는 독자의 혼란을 막기 위해서 상황에 따라 '참가자'나 '그' 또는 '그녀'로 번역했다 – 역주).

소개

아동과 놀기에 대한 생각

무엇이 활동을 '놀이'로 만드는가?

그 자체로—또는 단지 재미있어서—개입하는 활동이 놀이로 간주된다. 놀이는 어떤 일을 하는 데에서의 기쁨에 대한 것이다. 놀이에서는 돈을 벌고 생존을 위해 애쓰는 일은 뒷전이다. 실제로 어떤 종류의 결과는 그다지 중요하지 않다. 놀이의 또 다른 특성은 게임이 거의 무한수의 변형을 가질 수 있다는 점이다. 모든 사람이 동의하는 한 게임규칙이 바뀌는 걸 아무도 개의치 않는다! 변형 게임은 아동으로 하여금 실험해 보고, 새로운 경험을 시도하고, 그들의 환경을 극복하는 것을 배울 길을 제공한다. 물론 규칙을 실험하는 것과 따르는 것 사이의 균형이 항상 필요하다. 이 책은 그 균형을 유지하려고 노력한다.

놀이에 대한 이런 생각으로부터, 나는 게임이 놀이가 되기 위해 가져야만 하는 5개 특성을 찾아냈다.

놀이의 5개 특성

1. 아동이 인식하는 명쾌한 목적은 없다.

만약 자신이 활동을 통해 어떤 것을 배우도록 되어 있다는 것을 인식하지 못한다면, 그 활동은 놀이다. '학습 게임' 그리고 '놀이 같은 작업'과 같은 개념들은 성인 마음에만 존재한다. 목표를 통제함으로써, 어른들은 아동들이 알지 못하게 게임을 '일'로 전환시킬 수 있다. 즉 어른은 아동이 놀이를 통해서 배운다(놀이에 목적이 있다)는 걸 알지만, 그러나 아동은 그것을 염려하지 않아야 한다.

2. 자발적이어야 한다.

놀이는 자발적이다. 여러분은 원할 때는 언제든 그만둘 수 있다. 아무도 게임을 하라고 강요받지 않을 수 있다. 다른 참가자들은 참가하고 싶지 않은 사람이나 그만두는 사람을 낮추어 볼 수 있다. 그러나 그것뿐이다. 교사나 집단리더는 누구에게라도 게임을 하라고 절대로 강요해선 안 된다!

3. 규칙은 유연해야 한다.

모든 참가자가 새로운 규칙을 이해한다면 개별 게임이나 집단 게임에서 규칙은 언제든 바뀔 수 있다. 바꾸기, 개작하기, 심지어 새 규칙 만들기는 지능과 창의성을 길러 준다.

4. 일시적인 정서반응을 유발한다.

정서반응은 환희, 기대, 희망, 분노, 두려움, 이완, 불확실성, 행복, 소속감, 공격성 등의 강한 감정을 의미한다. 한편으로 이런 감정들은 강할 수도 있고, 다른 한편으로는 "이것은 단지 게임일 뿐이야."라는 생각으로 분산될 수도 있다. 이것은 긴장을 건설적으로 다루는 걸 배우는 방식이다. 그뿐 아니라 활동에 긴장을 끼워 넣지 않는다면, 아동은 이것을 게임이라고 생각하지도 않을 것이다. 훈련이나 단지 활동처럼 더 느껴질 수 있다.

이 책에 있는 어떤 게임들은 생활기술 게임보다는 생활기술 훈련으로 사용될 수 있다. 이런 형태의 사회적 학습도 의미가 있다. 그러나 그것은 게임이 아니다. 리더는 그 차이를 인식해야 한다.

5. 실험으로부터 이익을 얻는다.

게임은 게임을 하는 방법이 여러 개 있을 때, 그것은 하나가 아닌 여러 개의 게임이 된다. 서로 다른 놀이 책략, 목표, 규칙 해석이 있을 수 있다. 실험은 새로운 것을 학습할 기회다. 실험하기, 발명하기, 창의성의 다중적 가능성을 포함하는 게임들은 가능한 최선의 의미에서 '학습 게임(learning game)'이다.

게임의 목표

이 게임들에서 특정 목표가 달성되는 방법의 근저에 있는 심리학 이론에 대해 더 많은 정보를 구하기 위해서는 다음에 있는 괄호 안의 심리학자들에게 조언을 구하라.

기능에 대한 실험과 경험(Jean Piaget)

연습과 자동화(Jean Piaget, G. Stanley Hall, Kar Groos)

규칙의 학습과 실천(Jean Piaget)

욕구 다루기(G. Stanley Hall)

힘의 경험과 발휘(Alfred Adler)

정화(깨끗이 하기)(Sigmund Freud)

인지학습(Jean Piaget)

활성화(Heinz Heckhausen)

과도한 에너지 유지하기(Herbert Spencer)

놀이치료와 게임교육

이 책의 목적은 교육자에게 그들이 아동들과 일할 때 도움이 되는 일단의 게임을 제공하는 것이다. 아동들에게 게임은 재미를 주는 방식이다. 집단리더에게 이 게임들은 그 이상의 것이다. 게임 상황에서 갈등과 문제를 이해하는 걸 돕고, 극복을 학습하는 것을 돕는 방식이다. 그 갈등과 문제는 모두 미래에 실제로 일어날 것들이다. 아동의 과거에 있었던 문제와 갈등을 다루는 건 게임리더의 일이 아니다. 그 과제는 치료자에게 맡겨져야 한다. 그러나 이 책의 목적이 일차적인 치료에 있는 게 아니라는 사실이 치료자들이 그들의 작업에 이 책을 사용하면 안 된다는 걸 의미하는 것은 아니다.

다음 인용구는 스위스의 심리학자인 Hans Zullinger[H. Glotze and W. Jaede, *Die nicht-direktive Spieltherapie*(비지시적 게임치료)]의 글을 인용한 것인데, 그의 게임에 대한 정의가 나의 의견과 가장 가깝다.

> Zullinger에게 있어서 아동은 게임 자체를 통해 치유된다. 치료자는 능동적으로 앞으로 밀고 나갈 가능성과 게임을 더 발전시킬 가능성이 있을 때는 언제든지 개입한다. 치료자는 자기가 옳다고 믿는 방식으로 자신의 추진력을 더하고(Zullinger의 판단에서), 자료를 만들며 상황을 조정하고 조직할 수 있다. 이런 식으로 아동들은 정서적 긴장을 줄이고 사회적 갈등을 해결하기 위해 게임을 사용할 기회를 제공받는다. 게임 동반자인 치료자의 도움을 받으며 독립적 활동을 함으로써 이러한 활동들은 점차 건

설적이 된다. 다시 말하면 Zullinger는 순수한 게임치료를 선호한다. 이것을 아동에게 설명하지는 않지만, 다양하고 많은 게임과 게임 경험을 제공한다.

집단리더의 역할

아래 인용 부분에서 Jürgen Fritz[J. Fritz, *Methoden des sozialen Lernens*(사회적 학습 방법)]는 게임에서 최적의 결과를 달성하기 위해 집단리더에게 주는 Benita Daublensky의 조언[B. Daublensky, *Spielen in der Schule*(학교에서 놀기)]을 인용한다.

- 여러분은 아동에게 친절을 베풀고 있는 게 아님을 깨달으라.
- 사람들이 여러분에게 의존하지 않게 하면서 도우라.
- 과보호하지 말고 아동을 어려움에서 보호하라. 가능한 한 아동들이 자신의 경험을 만들게 하라.
- 아동들이 그들이 원하는 쌍이나 집단으로 만드는 걸 허용하지만, 선택받지 못한 아동들을 도우라.
- 아동들 사이의 경쟁을 최소화하도록 하라.
- 개방적 분위기를 만들고 아동들에게 서로를 돕는 방법을 시범적으로 보여주라.

이 책의 사용법

첫 번째 방식 : 단계적으로 한다.

게임은 나 게임부터 시작한다. 여러분은 나 게임의 일부나 전부를 실시하고 너 게임을 한 다음에 우리 게임을 할 수 있다. 집단 워밍업 게임(게임 색인에서 "워밍업"이라는 제목 밑에 목록이 있다)은 초기에 또는 게임 사이에 할 수 있다. 처음 세 부분의 게임에서 아동들이 잘하게 되면 마지막 부분의 게임인 더 많은 상상 더하기를 실시할 수 있다.

두 번째 방식 : 구체적인 문제에 초점을 둔다.

몇 개의 워밍업 게임을 한 후 그 순간에 여러분이 관심 있는 부분부터 시작하라.

예 : 여러분은 공격성 주제에 접근하는 하나의 방식인 "공격성 게임"부터 시작한다. 그 뒤에 "협동 게임", "관계 게임" 또는 "통합 게임" 등을 함으로써 예방적 관점에서 그것을 보게 된다.

세 번째 방식 : 관련게임을 이용한다.

각 게임의 끝에서 여러분은 제시된 관련게임을 보게 될 것이다. 관련게임은 책에 있는 같은 종류의 게임이나 비슷한 목표, 놀이 방법, 또는 참가자 구성을 갖는 게임들로 안내한다.

예 : 여러분은 하나의 파트너 게임에서 또 하나의 파트너 게임으로 진행한다. 여러분은 **놀라운 양 손 펜**(40번 게임)에서 파트너와 함께 그림을 그리고, **일상생활에서의 맹인 역할**(62번 게임)에서 '맹인' 역할 파트너가 일상 활동을 수행하는 것을 돕는다. 대화 게임 후에 여러분은 그 게임을 팬터마임 게임과 비교한다. 파트너 관찰 게임 후, 여러분은 다른 지각 게임을 한다.

여러분은 주어진 순서대로 관련게임을 할 수 있다. 그 대신, 여러분은 여러분이 좋아하는 어떤 관련게임이든 충실히 하고 거기에 주어진 관련게임을 수행할 수도 있다. 여러분은 출발점에서부터 더 멀리 나아가고 한편으론 여러분의 게임 프로그램이 다양해진다.

간략함에 대한 짧은 글

만약 여러분이 게임 지시문을 읽는 데 익숙하다면, 여러분은 이 책의 지시문이 아주 짧다는 점에 놀라게 될 것이다. 그렇게 한 이유가 있다.

집단리더가 자세한 게임 실시 지시문을 따르면서 게임규칙을 너무 엄밀히 고집한다면, 규칙에 대한 그의 의존은 모든 것을 손상시키고 집단에게 그대로 전달된다. 이 책에서 나는 게임을 기술하기보다는 게임을 제시하려고 한다. 너무 구체적인 것은 참가자들을 제한하고 그들의 창의성을 자극하지 못한다.

게임리더인 여러분이 만약 변형 게임을 완전히 이해하지 못한다면 어떻게 할 것인가? 그런 경우에는 아마도 여러분 자신이 변형 게임을 만들어 낼 것이다. 그리고 그렇게 되어야 한다. 교사훈련 세미나에서 나는 종종 의도적으로 짧은 지시를 한다. 경험이 있는 게임 참가자들은 순간적으로 당황하지만 필요가 창조의 어머니이듯이 그들은 곧 그들 자신의 해석을 시험해 보기 시작한다. 그들이 "이제 우리는 ~해야만 하나요?" 또는 "우린 ~할 수 있나요?"라고 물을 때, 나는 단지 어깨를 으쓱할 뿐이다. 그리고 새로운 게임이 만들어지자마자 그들의 질문이 사라지는 걸 본다.

이처럼 모든 우발성과 가능성을 이 책에서 다룰 수는 없다. 서로 다른 집단들은 다른 방식으로 다른 아이디어에 도달한다. 그들 모두는 예측불가능하다. 나는 세미나에서 학생들에게 대안이 되는 게임을 만들도록 격려하기 전에 기본 판 게임을 한다.

101가지 생활기술 게임에 있는 접근과 게임들은 '열린 학습'의 원리와 잘 결합될 수 있다. 그것에 대해서는 다른 곳에 많이 기록되어 있다.

모의 게임과 역할극 게임에 관한 정보

이 책의 마지막 부분(게임 91~101)에서는, 다른 것들보다 더 정교한 두 가지 구체적인 범주의 게임들이 소개된다. 이들 게임의 구조와 목표에 관한 추가적인 정보는 91번 게임(**새 고속도로**)과 93번 게임(**립싱크**)에서 볼 수 있다.

게임에서 사용된 아이콘의 검색표

특정 상황에 맞는 게임을 찾는 걸 돕기 위해 게임은 상징과 아이콘으로 부호화되어 있다. 이 아이콘들은 한눈에 여러분에게 게임에 대한 다음 사항들을 알려준다.

- 필요한 집단 크기
- 난이도 수준
- 넓은 장소가 필요한지 여부
- 음악이 필요한지 여부
- 준비물이 필요한지 여부

- 신체접촉이 있는지 또는 있을 수 있는지 여부

이 아이콘들은 아래에 더 자세히 설명되어 있다. 다른 SmartFun Books(연령 수준과 시간)에 포함된 두 개의 아이콘은 여기서는 생략되었다. 왜냐하면 이 책의 연령집단은 이미 아동 연령 9∼15세(6∼12세를 위한 훈련은 101가지 생활 기술 게임에서 볼 수 있다)로 분명히 정해져 있고 또 각 게임에 걸리는 시간은 많은 요인에 따라 달라지기 때문이다. 이 요인은 집단 크기 및 특정 게임이 참 가자들에게 매력적인지 여부를 포함한다.

필요한 집단 크기. 대부분의 게임은 큰 집단으로 가장 잘 실시된다. 만약 게임이 4명 집단처럼 짝수의 참가자를 필요로 한다면 그 게임은 적절한 아이콘으로 표 시될 것이다.

 = 짝수

 = 4명 집단

 = 8명 집단

 = 게임이 어떤 크기의 집단에도 적합하다.

난이도 수준. 더 나이 든 아동들에게 적합한 이 책의 더 복잡한 게임들은 다음 과 같은 아이콘으로 표시되어 있다.

= 고급 참가자들용

넓은 장소가 필요한지 여부. 이 책의 거의 모든 게임은 교실에서 할 수 있다. 체육관처럼 넓은 장소를 필요로 하는 소수의 게임은 다음의 아이콘처럼 표시된다.

= 큰 공간 필요함

음악이 필요한지 여부. 이 책에 있는 소수의 게임들은 녹음된 음악이 필요하다. 만약 음악이 선택사항이라면 마찬가지로 표시한다. 만약 음악이 필요하면 아래의 아이콘이 사용된다.

= 음악 필요함

준비물이 필요한지 여부. 많은 게임들은 특별한 준비물이 필요하지 않다. 하지만 일부의 경우에는 게임을 진행하는 데 의자, 도구, 종이와 펜 같은 항목이 필수다. 준비물이 필요한 게임들은 아래 아이콘으로 표시되었으며 필요한 자료들은 "준비물"이란 항목에 적어 놓았다. 선택사항인 준비물도 마찬가지로 표시되었음에 주목하라(선택사항인 배경음악만이 유일한 항목일 때는 제외).

= 준비물 필요함

신체접촉이 있는지 또는 있을 수 있는지 여부. 어떤 환경에서는 어느 정도의 신체접촉이 받아들여질 수 있지만 가벼운 신체접촉에서부터 작은 충돌까지 조금이라도 포함될 수 있는 훈련의 윗부분에는 다음 아이콘이 삽입되었다. 여러분은 만약 그 게임이 여러분의 참가자들이나 환경에 맞는지를 미리 알 수 있다.

= 신체접촉이 있을 수 있음

나 게임

내가 느끼는 것
게임 1~10

내가 생각하는 것
게임 11~12

나는 어떤 사람인가
게임 13~21

내가 느끼는 것

내 기분 그림

준비물 : 다양한 그림이 그려져 있는 카드

목표

- 기분과 감정 표현하기
- 서로 알아 가기
- 수줍음 극복하기

게임방식 : 많은 그림카드를 중앙에 놓아 두고, 각자 2장의 카드를 갖도록 한다. 각 참가자는 현재 자신의 기분을 나타내는 그림을 고른다. 참가자들은 차례에 따라 자신이 선택한 그림에 대해 설명하도록 한다.

예 : "나는 긴 의자 그림을 골랐는데, 왜냐하면 난 지금 피곤해서 편안하고 좋은 의자에 앉았으면 하는 기분이기 때문이야."

변형 : 기분을 나타내는 그림 그리기.

주의사항

- 모든 참가자가 자신의 현재 기분을 자동적으로 인식하는 것은 아니다. 그럴 때는 참가자에게 오늘, 여기에서의 기분만을 얘기하는 것은 아니라고 말해 주면서, 가까운 과거의 기분에 대해 얘기해도 된다고 알려 준다.
- 만일 준비된 그림카드가 없다면, 게임 시작 하루 전에 각 참가자에게 엽서 크기의 잡지 그림을 두 개 잘라 오되 하나는 긍정적인 기분을, 다른 하나는 부정적인 기분을 나타내는 것으로 잘라 오라고 말해 준다. 그림들은 카드 위에 풀로 붙일 수도 있고, 그림을 보호하기 위해 투명 비닐로 감쌀 수

도 있다.

- 참가자들이 일단 게임을 해 보고 그림을 어떻게 사용하는지를 알게 되면, 더 많은 그림을 모으고 즐기는 데 도움이 될 것이다.

생각해 볼 점

- 우리 스스로의 기분을 인식하는 데는 어떤 이점이 있는가?
- 어떤 종류의 상황에서 우리는 유사한 기분을 경험하는가?
- 우리는 감정(짧은 기간) 또는 기분(긴 기간) 중에서 어느 것에 의해 더 영향을 받는가?
- 우리의 기분은 집단에 의해서 얼마나 영향을 받는가?
- 무엇이 우리의 현재 기분을 변화시킬 수 있는가?

관련게임

2 : 플래시 불빛 게임　◆　13~21 : 나는 어떤 사람인가　◆　33 : 좋아하는 장소
◆　34 : 그림 선물

*101가지 생활기술 게임*에 있는 관련게임

1~5 : 내가 좋아하는 것　◆　41 : 풍선춤　◆　52 : 일어나!　◆　53 : 집단 만들기 게임
◆　54 : 뜨거운 자리

2

플래시 불빛 게임

목표
- 기분과 감정 표현하기
- 자기소개하고 서로 알아 가기
- 수줍음 극복하기
- 감정을 말로 표현하기

게임방식 : 참가자들은 하나의 주제나 테마에 동의하고, 그것에 대한 자신의 감정을 서술해 본다.

예

만일 주제가 '날씨'라면
- "오늘 내 안에는 폭풍우가 있어요."
- "나는 안개 낀 느낌이에요."

만일 주제가 '물'이라면
- "나는 나이아가라 폭포 같은 느낌이 들어요."
- "나는 깊고 고요한 호수예요."

주의사항 : 만일 집단 내에 언어 문제가 있거나 또는 자신을 표현하는 데 어려움이 있는 참가자가 있으면, 다음에 나오는 **기분 표시기**(3번 게임) 게임과 같이 비언어적으로 '내가 느끼는 감정'을 나타내는 게임들이 도움이 될 것이다.

변형 : 참가자들은 자신의 기분을 나타낼 수 있는 가용한 재료에 동의한다. 그런 다음에는 참가자 모두가 자신의 기분에 맞는 돌이나 또는 천연색 천을 고른다.

생각해 볼 점

- 우리는 자신의 기분을 다른 사람에게 표현하는 것을 좋아하는가?
- 자신과 같은 기분을 느끼는 사람을 보았는가?

관련게임

1 : 내 기분 그림과 이 게임에서 제시된 관련게임 모두 ◆ 3 : 기분 표시기

3

기분 표시기

준비물 : 의자

목표

- 기분과 감정 표현하기
- 친해지기
- 수줍음 극복하기
- 자신의 감정을 말하기
- 남에게 도움이 되기

게임방식 : 신호가 주어지면, 모든 참가자는 자신의 기분상태가 높은지 낮은지에 따라 일어서거나 의자에 앉아 있거나 또는 바닥에 앉는다. 그중에서 기분상태가 높거나 낮은 경우에는 그 이유를 묻는다.

변형 : 참가자들이 어떤 특정 참가자의 기분이 (중간이 아니라) 높거나 낮다고 추측한 후, 그 추측이 맞다면 그 이유를 다른 사람들에게 말해 준다.

주의사항 : 이 게임에서는 참가자들이 자진해서 자신의 기분을 설명하도록 하는 것이 중요하다. 처음에는 좋은 기분인 참가자들이 말하게 하는 것이 좋으며, 좋지 않은 기분의 참가자들에게는 언제나 개인적으로 얘기하는 것이 좋다.

생각해 볼 점

- 집단의 일반적인 기분이란 무엇인가? 우리의 기분은 집단 대부분의 기분과 다른가?
- 자신의 기분을 바꿀 수 있기를 원한 적이 있는가? 집단이 우리를 도울 수

있는가? 무엇이 자신의 기분에 관해 집단에게 얘기하는 것을 막는가?

- '최악의 기분상태'에 있어 본 적이 있는가? 무엇이 '무척 기분 좋게' 해 주는가?

관련게임

1 : 내 기분 그림에서 제시된 관련게임 모두 ◆ 2 : 플래시 불빛 게임

◆ 4 : 기분을 표현하는 신체언어

기분을 표현하는 신체언어

목표

- 기분과 감정 표현하기
- 의사소통 시작하기
- 신체적 의식 향상하기
- 사회적 의식 향상하기

게임방식 : 각 참가자는 차례로 신체언어를 사용하여 자신의 감정이 지금 어떤지를 보여 준다. 참가자들은 자신의 감정을 전달하기 위해 어떤 자세나 몸짓, 얼굴 표정 등을 사용할 수 있다.

변형 : 자신의 기분을 문장으로 표현한다.

주의사항 : 일부 참가자들은 신체언어를 통한 자신의 감정 표현을 어려워할 수도 있다. 그러나 신체는 가장 정직한 표현수단 중 하나이다. 신체언어는 거짓말을 하지 않는다. 흔히 사람들은 자신이 말하는 것과 신체언어가 표현하는 것이 반대일 때가 있다. 그럴 경우, 보통 신체언어가 표현하는 것이 정답이다!

생각해 볼 점 : 여러분은 자신의 감정을 표현할 때 어떤 방식을 좋아하는가? 말로 표현하는 것을 좋아하는가 또는 신체언어를 사용하는 것을 좋아하는가? 어떤 때는 왜 둘을 동시에 사용하지 않는가? 일상생활에서 그 둘은 보통 결합되어 사용된다. 어떤 사람의 말과 신체언어가 서로 다를 때 우리는 어떤 기분이 드는가?

역할극 : 누가 범인인가?

'형사' 역할을 할 사람은 밖으로 나간다.

5명의 참가자는 교실의 앞자리에 한 줄로 앉는다. 그들은 서로 상의하여 그들 중 한 사람이 범죄를 저지른 '범인' 역할을 하기로 정한다.

이제 형사가 안으로 들어오고 5명의 사람들에게 질문을 시작한다. 당연히 5명 모두는 자신이 범인이 아니라고 말할 것이다. 그러나 범인은 자신의 얼굴표정이나 신체언어를 통해 범인의 신체언어가 어떻게 범죄를 드러내는지를 보여준다. 형사는 누가 범인인지를 찾아낸다.

관련게임

3 : 기분 표시기　◆ 5 : 기분 그리기　◆ 21 : 도움 요청　◆ 23 : 내 이름은?

◆ 30 : 머리는 정직하고, 꼬리는 거짓말을 한다　◆ 36 : 스파이　◆ 80 : 대결

◆ 94 : 그림자 놀이

***101가지 생활기술 게임*에 있는 관련게임**

1~5 : 내가 좋아하는 것　◆ 27~32 : 너를 이해하기　◆ 78 : 평화의 말

◆ 83 : 양의 탈을 쓴 늑대　◆ 84~92 : 동상과 조각하기 게임　◆ 95 : 동화 서프라이즈

◆ 97~101 : 팬터마임 극

5

기분 그리기

준비물 : 종이와 연필

목표

- 기분과 감정 표현하기
- 공격성 줄이기
- 감정 다루기
- 감정 파악하기
- 감정신호 발견하기

게임방식 : 모든 참가자는 종이 한 장과 연필을 골라 자신의 현재 기분을 그린다. 그림이 무얼 그린 건지는 모르더라도, 그림을 그린 아동이 좋은 기분인지 혹은 나쁜 기분인지, 긴장되어 있는지 또는 이완되어 있는지, 행복한지, 슬픈지, 쾌활한지 등은 명백하다. 참가자들은 서로에게 자신이 그린 기분 그림을 보여준다. 또한 자신이 그린 그림을 상대방이 추측해 보도록 할 수도 있다. 참가자들은 서로 비슷한 기분을 가진 사람끼리 집단을 만들어 '기분 포스터'를 만들 수도 있다.

변형

- 게임리더는 참가자들에게 구체적인 지시를 한다. 예컨대 "화난 기분을 그려 보세요."
- 참가자들은 짝을 지어 서로의 기분 그림을 본다. 상대방이 기분을 그릴 때 나타내는 움직임, 얼굴표정, 몸짓 등으로부터 서로의 기분을 파악한다.
- 모든 기분 그림은 벽이나 칠판에 테이프로 붙이거나 핀으로 고정한다. 각 참가자는 자신의 현재 기분을 가장 잘 표현한 그림을 찾아본다.

- 참가자들은 기분을 표현하는 문장들을 종이에 쓴다. 그런 다음 각 문장을 기분 그림과 맞춰 본다.

주의사항

- 기분 그리기는 공격성을 감소시킬 수 있다. 우리는 공격적인 아동들에게 자신의 분노를 기분 그리기를 통해 누그러뜨리라고 격려할 수 있다.
- 이와 비슷하게 교실에서 갈등이 있을 경우, 기분 그리기를 통해 그 갈등을 완화하도록 할 수 있다.

생각해 볼 점

- 기분 그리기는 우리의 감정을 강화했는가 또는 약화했는가?
- 분노 그림은 무엇과 비슷하게 보이는가? 행복할 때는 그림의 선과 색깔이 어떻게 보이는가?
- 우리가 그린 행복한 기분은 모두 똑같을까?
- 연습장에 글씨를 쓴다고 생각해 보자. 우리는 화가 나 있을 때와 기분이 좋을 때 어떻게 글씨를 쓰는가?

역할극

- 격노한 내용의 편지를 누군가에게 써 보라. 자신의 기분과 일치하는 필체로 써 보라. 자신이 쓴 것을 소리 내어 읽어 보라.
- 또한 연애편지를 써 보라.

관련게임

4 : 기분을 표현하는 신체언어 ◆ 6 : 기분 쌓기 ◆ 17 : '나' 박물관
◆ 40 : 놀라운 양 손 펜 ◆ 80 : 대결 ◆ 89 : 기분 표시기 동상

***101가지 생활기술 게임*에 있는 관련게임**

1 : 난 이 그림이 좋아 ◆ 22 : 이름 모으기 ◆ 78 : 평화의 말 ◆ 97~101 : 팬터마임 극

사람 수
무관

내가 느끼는 것

6

기분 쌓기

준비물 : 참가자 각자에게 블록 한 세트

목표

- 기분과 감정 표현하기
- 환경이 어떻게 우리에게 영향을 미치는지 인식하기
- 시지각과 촉지각 향상하기

게임방식 : 각 참가자에게 한 세트의 쌓기 블록을 주고, 자신의 기분을 반영시켜 블록을 쌓도록 한다.

변형

- 사용 가능한 다른 재료의 예 :
  돌
  일정한 무늬와 색깔로 염색된 큰 스카프
  유리구슬
  나뭇잎
  인형집에 있는 것들
  백팩에 들어 있는 것들
  플레이도우
  뿌리와 풀
  꽃
  접시
  의자 여러 개
- 이 교실 내에서 명랑하거나 우울한 기분을 꾸며 보라.

생각해 볼 점

- 어떤 재료가 제일 마음에 드는가? 여러분은 특정 재료를 사용하여 어떤 특별한 기분을 표현할 수 있는가? 동일한 재료를 이용하여 서로 반대되는 기분을 표현해 보라. 재료가 여러분의 기분에 영향을 주는가?
- 다른 사람들의 기분 쌓기 놀이를 관찰하는 것이 여러분의 기분에 영향을 주는가?
- 집은 자기 안에 살고 있는 사람들에 대해 뭐라고 말할까? 사람들이 사는 환경은 어떻게 그들의 기분에 영향을 주는가?

관련게임

5 : 기분 그리기 ◆ 7 : 기분 편지 ◆ 17 : '나' 박물관 ◆ 33 : **좋아하는 장소**
◆ 67 : **집단망** ◆ 72 : 돌 모음

101가지 생활기술 게임에 있는 관련게임

1~5 : 내가 **좋아하는 것** ◆ 8~19 : **내가 관찰한 것** ◆ 87 : **동상 쌍**

기분 편지

준비물 : 참가자 모두에게 종이와 펜

목표

- 기분과 감정 표현하기
- 집단의 기분 알기
- 개인의 생각을 비언어적으로 공유하기

게임방식 : 참가자들은 둥글게 원을 그려 앉는다. 각자 종이 한 장에 자신의 기분을 한 문장으로 쓴다－이름은 쓰지 않는다. 이렇게 하여 모든 사람이 다 써넣을 때까지 진행한다. 이제 모두는 집단 내 다른 사람들의 기분을 알게 되며(누군지는 모르지만), 집단 전체의 전반적인 기분을 알게 된다. 또 다른 종이에는, 자기 집단의 전반적인 기분에 대한 자신의 인상을 적을 수 있으며, 이것을 옆 사람에게 주어 전체가 다 적을 수 있다.

주의사항 : 이 방법은 또한 집단리더에게 피드백을 제공한다. 이는 결코 시간낭비가 아니다. 게임리더는 이 종이를 간직하고 있다가 쉴 때 다시 한 번 읽어볼 수 있다. 개인 참가자들은 자신의 기분과 집단의 기분을 비교해 보고 거기에 적응할 수 있다.

생각해 볼 점 : 이 게임은 보통 게임 시리즈의 끝부분에서 행해지며, 그 자체로서 일종의 반성을 나타내므로 별도의 반성이 필요하지 않다.

역할극 : 편지 전달자는 시민들의 '불만 투서함'에서 익명의 편지를 시장에게 전달한다.

관련게임

6 : 기분 쌓기 ◆ 8 : 무드 음악 ◆ 11 : 브레인스톰 ◆ 20 : 성격의 조각

◆ 32 : 여러분이 어떤지 보세요 ◆ 67∼73 : 관계 게임

*101가지 생활기술 게임*에 있는 관련게임

62 : 응급구조함

내가 느끼는 것

무드 음악

준비물 : 탬버린, 작은 북, 실로폰, 드럼, 트라이앵글, 우드블록, 메탈로폰(철금) 등 오르프 악기(선택사항)

목표
- 기분과 감정 표현하기
- 공격성 줄이기
- 청음지각 향상하기
- 어색함 줄이기
- 협력하기 배우기
- 어조에 민감해지기

게임방식 : 오르프 악기를 이용하면서, 또한 신체를 이용해 딱 소리를 내거나 두드리는 소리 또는 말소리를 내면서, 참가자들은 차례로 자기 집단에게 자신의 기분이 어떤지를 '말한다.'

변형
- 한 참가자가 도발적인 '말'을 하면, 이에 대해 다른 참가자가 그런 말이 어떻게 자기들에게 영향을 주는지를 표현하는 소리를 냄으로써 반응한다.
- 참가자는 자신의 기분이 어떤지를 한 문장으로 표현하는데, 이때 목소리를 달리해서 말한다 : 크게, 조용하게, 날카롭게, 무디게, 높게, 낮게, 빠르게, 느리게 등등.
- 집단리더는 집단 내의 소그룹 참가자들에게 창의적인 과제(즉석 소리 작품)를 부과한다. 잠시 후에 소그룹 참가자들은 즉석 작품을 만들어 다른 참가자들에게 제시한다 : 예컨대 장례 행진, 결혼 행진곡, 기쁨의 춤, 죽음

의 북소리, 전쟁의 북소리, 전쟁의 울음소리, 기쁨의 외침소리, 사랑의 세레나데, 항의 행진 등등.

- 만일 집단에서 카세트/CD 플레이어로 음악을 재생할 수 있다면, 각 집단은 차례로 특정한 기분에 대한 음악 샘플을 만들어 이를 다른 집단이 추측하도록 한다.

생각해 볼 점

- 소음, 소리, 어조, 음악 등은 어떻게 우리의 기분에 영향을 주는가?
- 공격성, 사랑, 슬픔, 조화, 혼돈 등을 표현하는 노래나 악단, 음악 유형 등을 말해 보라. 여러분은 서로 다른 음악 유형에 의해 얼마나 영향을 받는가?
- 여러분의 기분이 소리에 의해 영향을 받는 일상생활에서의 상황을 말해 보라.

관련게임

7 : 기분 편지 ◆ 9 : 기분 풍경 ◆ 79 : 전쟁춤

*101가지 생활기술 게임*에 있는 관련게임

14 : 귀로 보기 ◆ 38 : 손뼉치기 놀이 ◆ 47 : 휴대용 카세트 ◆ 61 : 도와 달라고 외치기 ◆ 67 : 악어의 눈물 ◆ 75 : 공손한 야생동물 ◆ 81 : 유령과 여행자 ◆ 82 : 뱀파이어

내가 느끼는 것

기분 풍경

준비물 : 종이와 연필, 칠판 또는 화이트보드

목표

- 기분과 감정 표현하기
- 서로 알아 가기와 자기소개하기
- 감정 인식하기

게임방식 : 게임리더는 백지 한 장씩을 각 참가자에게 준다. 그런 다음 아래의 이야기를 들려주면서 칠판이나 화이트보드에 그 장면들을 스케치하고, 참가자들에게도 받은 백지에 되도록 똑같이 그리라고 말한다.

"종이 중간의 왼쪽에서 오른쪽으로는 하루가 시작해서 끝나는 거예요. 여러분이 좋지도 않고 싫지도 않다고 느낀다면 이 중간의 길을 따라가는 겁니다. 이 길은 완전히 직선으로 된 길이라서 이 길을 따라 걷는 것은 약간 지루할 수 있겠죠. 왼쪽 끝은 아침이고, 오른쪽 끝은 밤입니다."

"이 길의 위쪽은 싱싱한 풀밭인 초원입니다. 아까의 중간 길이 단조롭고 지루하다고 생각하는 사람은 이 초원을 통해서 뛰어갈 수 있으며, 기분은 즉각적으로 더 좋아집니다. 초원 위에 있는 것은 완만한 경사의 꽃길입니다. 여러분이 이 길을 걷게 된다면, 꽃을 딸 수도 있고 나비나 벌, 딱정벌레를 볼 수도 있습니다. 이 꽃길 위에는 언덕이 있습니다. 거기에는 나무, 시냇물, 온갖 동물들이 있으며, 좋은 등산로도 있습니다. 거기에서 여러분은 편안하고 자유로움을 느낄 것입니다."

"좀 더 높이 올라가면 수목한계선에 이릅니다. 산은 가팔라지고 경관은 더욱 다양해집니다. 폭포물이 쏟아지며 산의 오두막집이 여러분을 초청합니다. 산의 정상까지 올라가면 경관을 즐기고 평화로움을 즐길 것입니다. 아래 계곡을 내

려다보면서 산 정상에서의 행복한 느낌을 즐길 것입니다. 특히 산 정상에 도달하여 아무나 할 수 없는 어떤 일을 해냈다는 자부심을 느낄 때 그럴 것입니다."

"그림의 꼭대기에 이르면, 거기에는 구름과 새가 있는 하늘이 있습니다. 거기에 있으면 여러분은 아름다운 꿈을 꾸는 것 같을 겁니다. 거기는 마치 땅을 떠나서 구름 위에 앉아 둥둥 떠다니는 것 같을 겁니다. 자유는 끝이 없고 모든 의무와 걱정에서 벗어나 우리는 아주 행복할 겁니다."

"이번에는 중간에 있는 길 아래의 그림을 봅시다. 거기는 모래와 바위투성입니다. 거의 아무것도 자라지 않습니다. 이 길을 가는 것은 매우 지루합니다. 그 길 아래에는 여기저기 큰 바위들이 널려 있어서 여러분은 자주 넘어질 겁니다. 그다음에는 습지와 관목숲 길이 나타납니다. 여기서는 흔히 돌아서 가거나 다칠 염려가 있으며, 때로는 진흙이나 웅덩이 속에 발이 빠지기도 하여 몹시 불편합니다. 그보다 더 아래는 정글입니다. 가시와 빽빽한 관목들 때문에 앞으로 나아가기가 매우 어렵습니다. 위험한 뱀이 여러분을 놀래기도 하고, 습기 차고 어둡고 황량합니다. 이곳을 지나가려면 길을 잃기 쉽고 희망이 없다는 느낌을 받을 겁니다."

필요하다면, 게임리더는 앞의 이야기를 해 주면서 앞의 그림을 복사해서 나눠 줄 수 있다. 게임 참가자들은, 자신이 직접 그렸든 복사본을 받았든, 그날(오늘 또는 어제)의 시간에 따른 기분 수준을 나타내는 점 그림을 그려 넣는다(다음 그림 참조). 끝으로, 점 그림을 굵은 선으로 잇는 방식을 통해 그날의 기분이 어떤지를 시각적으로 확인할 수 있다.

생각해 볼 점

- 여러분의 기분 선은 어떤가? 주로 긍정적인가 또는 부정적인가? 높은 곳과 낮은 곳에 있는 것은 여러분에 관해 무엇을 이야기해 주는가? 여러분은 그날의 어떤 특정한 시간에서의 느낌을 자세히 서술할 수 있는가?
- 무엇이 여러분을 행복하게 하고 불행하게 하는가? 누가 여러분을 행복하게 해 주는가? 여러분 자신을 위해서는 스스로 무엇을 할 수 있는가?
- 여러분 각자의 기분 곡선은 똑같아 보이는가? 모든 것이 좋았던 날의 기분 곡선을 그려 보라.

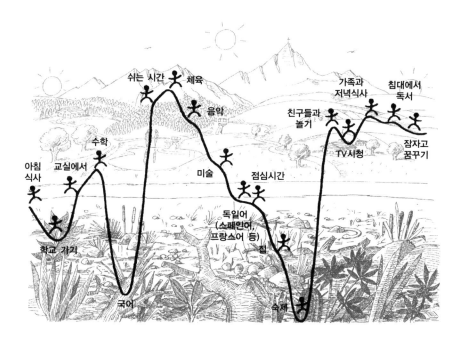

관련게임

8 : 무드 음악 ◆ 10 : 기분 주사위 ◆ 12 : 생각 끝내기 ◆ 13~21 : 나는 어떤 사람인가 ◆ 22~34 : 너를 알아 가기 ◆ 35~39 : 너를 받아들이기 ◆ 48 : 어두운 숲 속에서 길을 잃다 ◆ 49 : 뿌리에 걸려 넘어지다 ◆ 50 : 수풀을 통과해서 ◆ 81 : 시련 ◆ 88 : 가족 동상 ◆ 96 : 인터뷰 ◆ 100 : 에픽 게임

***101가지 생활기술 게임*에 있는 관련게임**

44 : 좋은 아침! ◆ 52 : 일어나! ◆ 57~70 : 돕기 게임

내가 느끼는 것

기분 주사위

준비물 : 기분 주사위를 구입하거나 이 게임 설명의 맨 끝에 있는 견본을 이용해서 만든다.

목표

- 기분과 감정 표현하기
- 다른 사람의 감정 지각하기

게임방식 : 각 참가자는 자신의 기분을 나타내는 주사위 면이 나올 때까지 계속 던진다. 아래에 6개의 주사위 면에 해당하는 이미지가 있다.

 쾌활하게 웃는 그림은 매우 좋은 기분임.

 놀라는 표정은 매우 놀랐을 때의 기분임.

 낙관적인 표정은 좋은 일이 일어날 거라고 기대함.

 비관적인 표정은 좋지 않은 일이 일어날 거라고 기대함.

 또렷하지 않은 표정은 자신이 어떻게 느끼는지를 잘 모름.

 화가 난 표정은 분노를 나타내고 있음.

변형

- 각 참가자는 자신이 생각하기에 어느 한 참가자의 기분상태와 자기가 던진 기분 주사위가 일치한다고 여겨질 때까지 계속 던진다. 그 참가자를 확인하면, 그 참가자의 차례가 된다.

- 게임리더는 일상생활에서 흔히 발생하는 상황을 이야기한다. 각 참가자는 그런 상황에서 들 것이라고 생각하는 기분을 나타내는 주사위 면이 나올 때까지 주사위를 계속 던진다.
- 한 참가자를 지정하여 추측자로 삼는다. 다른 참가자들은 기분을 나타내는 얼굴모양을 만들며, 이에 대해 추측자가 기분 주사위의 어떤 면과 일치하는지를 추측하게 한다. 추측자가 다섯 번을 맞히면 다른 사람으로 바꾼다.
- 한 참가자당 주사위를 세 번 던지게 한 다음, 그 세 가지 얼굴모양을 이용해서 이야기를 만들라고 한다.

주의사항 : 아래 그림처럼 여러분 자신의 기분 주사위를 만들거나, 비슷한 것을 게임가게나 인터넷에서 찾아보라. www.gamestation.net에 접속하여 "기분 주사위(mode dice)"를 찾아보라.

관련게임

9 : 기분 풍경 ◆ 20 : 성격의 조각 ◆ 32 : 여러분이 어떤지 보세요

◆ 35~39 : 너를 받아들이기 ◆ 85~90 : 동상과 조각하기 게임

101가지 생활기술 게임에 있는 관련게임

30 : 네가 나를 그려 ◆ 84~92 : 동상과 조각하기 게임 ◆ 97~101 : 팬터마임 극

브레인스톰

준비물 : 종이와 펜, 배경음악(선택사항)

목표

- 억제 또는 비판에 대한 두려움 없이 자기 생각 표현하기
- 다른 사람의 아이디어를 비판하지 않고 받아들이기
- 함께 생각하는 법 배우기

게임방식 : 각 참가자는 종이에 '표제(헤드라인)'를 쓴다. 이 표제는 하나의 진술문, 질문, 또는 문제일 수 있다. 이 종이는 참가자들에게 배포되며, 이를 받은 참가자들은 '논평(코멘트)'을 첨가하는데, 논평에는 하나의 의견, 진술문, 제안, 질문 등이 포함된다. 이런 방식으로 하면 서로 다른 많은 생각이나 아이디어가 순식간에 생성된다. 참가자들은 논평을 할 때 너무 깊이 생각하지 않아도 되며, 자기 것이든 남의 것이든 검열해서는 안 된다. 모든 아이디어는 그것이 불가능해 보이더라도 비판이 아닌 한, 지금 현재로서는 환영받는다. 이것이 브레인스톰의 전부이다.

변형

- 종이가 원형으로 배열된 의자나 테이블에 놓여 있고, 참가자들은 놓인 종이에 자신의 논평을 써넣는다.
- 포스터 크기의 종이를 벽에 붙인다. 참가자들은 자신의 생각을 큰 글씨로 종이에 쓴다. 만일 모두가 써넣은 포스터를 가지고 나중에 토의를 하려고 한다면 이 방법은 좋은 아이디어다.
- 실내의 가운데에 큰 테이블 하나 또는 작은 테이블 몇 개를 붙여 놓고 그 위를 두꺼운 종이로 덮는다. 참가자들 모두가 테이블 주위에 쉽게 모일 수

있어야 한다. 모든 참가자는 자신의 논평이나 질문, 의견, 감탄 등을 종이에 써넣는다. 처음에는 논평이 어느 하나의 표제에 집중되지만, 많은 논평들이 추가되면서 다른 사람의 표제에 대해서도 논평이 따라 붙는다.

생각해 볼 점 : 어느 논평이 여러분의 생각을 자극했는가?

주의사항 : 이 게임을 위해서 부드러운 배경음악이 흐르면 좋은 분위기가 될 것이다.

관련게임
7 : 기분 편지 ◆ 12 : 생각 끝내기 ◆ 44 : 두 작가, 한 이야기 ◆ 52~59 : 협동 게임 ◆ 91~92 : 모의 게임

*101가지 생활기술 게임*에 있는 관련게임
33~40 : 너와 함께 작업하기

내가 생각하는 것

생각 끝내기

준비물 : 종이와 펜

목표

- 자기 의견 표현하기

게임방식 : 각 참가자는 한 장의 종이를 받아 그것을 다시 16장으로 만든다. 집단리더는 "첫 번째, 준비됐나요?"라고 묻고 첫 번째 문장의 시작 부분을 큰 소리로 읽어 준다. 다음에는, 각 참가자가 문장의 시작 부분에 이어 문장을 완성하여 종이에 적는 동안 기다려 준다. 이런 방식으로 16개 문장을 처음 시작 부분을 크게 불러 주고, 그 문장을 완성하도록 잠시 기다려 준다. 다음에는 쪽지들을 한군데로 모은 후 번호별로 분류한다. 이제 리더는 각 문장의 시작 부분을 읽은 후, 이제는 참가자 각자가 메꾼 문장의 뒷부분을 읽는다.

이 게임은 주제가 몇 개라도 상관없이 진행할 수 있다. 새로운 주제를 토의하려 할 때 이 방법은 토의를 시작하는 좋은 방식이다.

응답의 예

- '학교'라는 주제에서
  "학교에서, 우리는 좀 더 …을 해야 한다."
  "학교에 대해 내가 좋아하는 점은 …이다."
  "선생님에 대해 내가 좋아하는 점은 …이다."
- '자유시간'이라는 주제에서
  "나는 좀 더 많은 친구를 갖고 싶다. 그래서 …."
  "나는 …을 가지고 놀고 싶다."
  "내 자유시간에 부모님은 …을 못하게 한다."

- 사회정치적 영역에서

  "만일 …면, 우리의 환경은 더욱 좋아질 것이다."

  "내가 자라 어른이 되면, 나는 …할 것이다."

문장 시작 부분의 예

1. 학교에서, 우리는 좀 더 …을 해야 한다.
2. 학교에 대해 내가 좋아하는 점은 …이다.
3. 선생님에 대해 내가 좋아하는 점은 …이다.
4. 나는 …을 원치 않는다.
5. 만일 내가 불가능한 것을 원할 수 있다면, 그것은 …일 것이다.
6. 나는 학급에서 가장 친한 친구를 … 때문에 좋아한다.
7. 학교에서, 나는 …을 두려워한다.
8. 나는 학교에서 … 때 지루하다.
9. 학교는 … 때 재미있다.
10. 스낵을 먹는 동안에 나는 ….
11. 오후에 학교가 끝난 다음에 나는 ….
12. 우리는 학급에서 … 때 싸운다.
13. 나는 … 때 학교에 있는 것이 특히 좋다.
14. 다음 방학 동안에 나는 …을 하고 싶다.
15. 내 부모님은 내가 학교에서 … 거라고 생각하신다.
16. 만일 학교가 없었다면, ….
17. 학교 건물에 들어설 때면, 나는 … 생각을 한다.
18. 나는 우리 선생님이 …을 하면 좋겠다.
19. 나는 우리 선생님이 …을 하지 않았으면 좋겠다.
20. 우리 학급이 좋은 점은 …이다.
21. 우리 학급이 좋지 않은 점은 …이다.
22. 우리 학교 여행에서 나는 ….
23. 우리 학교 여행에 대해서 나는 …했으면 좋겠다.
24. 내가 학교에서 도움이 필요할 때는 ….
25. 누군가가 학교에서 도움이 필요할 때는 ….

26. 학교는 … 때 힘든 곳이다.

27. 다른 애들은 … 때 나를 싫어한다.

28. 방과 후, … 때문에 나는 내 친구와 같이 많은 시간을 보낸다.

29. 나의 학교 시절 최악의 날은 …이다.

30. 나의 학교 시절 가장 좋았던 날은 …이다.

31. 나는 …으로 다른 학생을 돕는다.

32. 학교 가는 길에 ….

관련게임

11 : 브레인스톰 ◆ 13~21 : 나는 어떤 사람인가 ◆ 22~34 : 너를 알아 가기

◆ 35~39 : 너를 받아들이기 ◆ 46 : 구두점 ◆ 67~73 : 관계 게임 ◆ 88 : 가족 동상

◆ 96 : 인터뷰 ◆ 101 : 개별화된 영향력

***101가지 생활기술 게임*에 있는 관련게임**

1~19 : 나 게임 ◆ 54 : 뜨거운 자리 ◆ 56 : 알려 줘 제발 ◆ 58 : 위로하는 사람 게임

◆ 59 : 헬퍼(도와주는 사람) 게임 ◆ 90 : 학급사진

보이지 않는 사람

준비물 : 종이와 펜, 그리고 그것을 담을 상자

목표
- 자기 이미지 강화하기
- 실수 용납하기
- 힘 강조하기

게임방식 : 각 참가자는 쪽지 하나에 한 문장씩 총 3~5개 문장으로 자신에 대해 기술한다. 모든 참가자의 쪽지를 상자에 넣는다. 참가자들은 상자 안에서 쪽지를 하나씩 뽑아내면서 누가 쓴 것일까를 추측한다.

주의사항 : 집단 내에서 아직 서로 잘 모를 때에는, 자신을 기술할 때 신체적 특징을 쓰라고 한다. 이미 서로를 잘 알 때에는, 신체적 특징 대신 성격 특성을 기술하라고 한다.

생각해 볼 점
- 자기 자신을 기술하는 것이 어려웠는가?
- 참가자들 중 누구라도 자신의 결점을 이야기했는가?

관련게임
14 : **누가 그렇게 말했나?** ◆ 22~34 : **너를 알아 가기** ◆ 35~39 : **너를 받아들이기**
◆ 46~51 : **집단 워밍업 게임** ◆ 52~59 : **협동 게임** ◆ 83 : **첩보원 게임**
◆ 85~90 : **동상과 조각하기 게임**

101가지 생활기술 게임에 있는 관련게임

27~32 : 너를 이해하기 ◆ 41~45 : 집단 워밍업 게임 ◆ 53 : 집단 만들기 게임
◆ 84~92 : 동상과 조각하기 게임 ◆ 93 : 나쁜 뉴스와 좋은 뉴스

누가 그렇게 말했나?

목표

- 자기 이미지 강화하기
- 시각 기억 훈련하기
- 친해지기

게임방식 : 이 게임은 서로를 아직 잘 모르는 아동들을 위해 설계되었다. 참가자들은 눈을 감고 천천히 방을 돈다. 집단리더가 "서세요!" 하면 눈은 감은 채로 모두 선다. 리더가 참가자들 중 한 명의 어깨를 툭 치면, 지정된 사람은 몇 개의 문장으로 자신을 기술한다. 리더가 "계속 걸으세요!" 하면 참가자들은 "눈 뜨세요!"라는 말이 나올 때까지 눈을 감고 걷는다. 이제 누가 그 자신에 대해 기술했는지 찾는다.

주의사항 : 집단 내에서 이미 서로 잘 알고 있다면, 참가자들은 목소리를 변형할 수도 있다.

관련게임

13 : **보이지 않는 사람**과 이 게임에서 제시된 관련게임 모두 ◆ 15 : **유명한 특성**

유명한 특성

준비물 : 옛날 잡지, 가위, 풀, 펜

목표

- 자기 이미지 강화하기
- 이상과 현실 사이의 차이 인식하기
- 공통의 흥미 발견하기

게임방식 : 집단리더는 옛날 잡지 더미를 테이블 위에 가져다 놓는다. 모든 참가자는 가위, 풀, 펜 등을 가지고 자기 자신에 대한 신문 페이지를 만든다. 예컨대 펜을 가지고 잡지의 인물 그림을 자신과 비슷하게 보이도록 고칠 수 있다. 다음에는 적당한 표제를 붙인다. 또한 좋아하는 자동차, 집, 활동, 음식 등을 잡지에서 발견하여 자기가 갖고 싶은 특성을 모두 모은다.

관련게임

13 : **보이지 않는 사람**에서 제시된 관련게임 모두 ◆ 14 : **누가 그렇게 말했나?**
◆ 17 : **'나' 박물관**

꿈꾸는 사람들

준비물 : 펜과 종이

목표

- 자기 이미지 강화하기
- 이상과 현실 사이의 차이 인식하기
- 공통의 흥미 발견하기

게임방식 : 각 참가자는 자기 자신에 대한 두 가지 그림을 설계한다. 하나는 현실적인 자신, 다른 하나는 이상적인 자신이다.

변형

- 참가자들이 짝을 지어 서로의 그림을 그려 준다.
- 게임리더는 모든 참가자가 그린 이상적인 자기 그림을 모은 다음, 참가자들이 차례로 각 그림이 누구를 얘기하는지 추측한다.

생각해 볼 점

- 꿈과 현실을 분리하는 것이 쉬운 일은 아니다. 여러분은 어느 것이 더 쉬웠는가? 현실적인 것 대 이상적인 것.
- 현실적인 사람들이 서로 더 비슷한가, 혹은 꿈꾸는 사람들이 서로 더 비슷한가?

관련게임

13 : 보이지 않는 사람에서 제시된 관련게임 모두 ◆ 14 : **누가 그렇게 말했나?**
◆ 17 : **'나' 박물관**

'나' 박물관

준비물 : 참가자들이 가져온 각자의 선호 대상

목표

- 자기 정체감 강화하기
- 자기 묘사 향상하기
- 집단 앞에 자기를 나타내기

게임방식 : 각 참가자는 실내에 자기 코너를 마련하여 테이블을 놓고 30분간 자기 자신에 관한 모든 것을 전시할 수 있다.

※ 전시물에 관한 제안 :

자기 초상화, ID, 사진, 주머니나 가방의 내용물, 노트나 수필, 자신에 대해 짧은 문장으로 기술한 것, 좋아하는 물건, 예쁜 돌("이 돌은 … 때문에 나에게 귀중합니다."), 어떤 인물이나 또는 자기에 대해 간접적으로 얘기해 주는 잡지 오린 것, 자신의 머리 타래, 시계, 보석, 헤어밴드, 구두, 좋아하는 꽃, 좋아하는 TV쇼를 그린 그림, 좋아하는 음식이나 색깔, 행운의 숫자 등등….

이제는 박물관에 방문할 시간인데, 그렇게 하는 데는 여러 가지 방식이 있다. 예를 들면, 참가자의 반 정도는 자기 전시물 옆에 머물 수 있으며, 다른 참가자들은 다른 전시물을 보러 흩어지면서 자기 전시물이 자기 자신을 설명하도록 할 수도 있다.

변형

- 방문자들이 단체를 이루어 각 전시관을 둘러본다.
- 각 전시자는 자기 전시물을 그것이 마치 모르는 사람에 의해 만들어진 것처럼 제시한다.

- 모든 참가자가 전시관을 돌면서 서로 다른 전시물을 안내 없이 스스로 둘러본다.

생각해 볼 점
- 전시회에서 여러분은 자기 자신을 얼마나 많이 내보였는가?
- 일부 전시자들은 자신을 제시하는 방식에서 정직했는가?
- 일부 전시자들이 자신을 좋게 보이기 위해 노력한다는 인상을 받았는가?
- 어떤 전시회가 여러분이 보기에 특히 흥미 있었는가?

역할극 : 한 유명인은 리포터 집단을 자기 아파트로 안내했다. 리포터들은 그들이 본 개인적인 전시물에 관해서 질문을 하였다.

관련게임
13 : **보이지 않는 사람**에서 제시된 관련게임 모두 ◆ 15 : **유명한 특성**
◆ 18 : **재주와 특성**

나는 어떤 사람인가

재주와 특성

준비물 : 종이와 펜

목표

- 성격 특성 소통하기
- 사회 의식 공유하기

게임방식 : 게임리더는 세 명의 지원자를 선발하여 세 명 각각에게 자기 자신을 잘 묘사하는 형용사를 선택하라고 한다. 세 명 모두 게임리더에게 (남들은 못 듣게) 자신의 형용사를 귓속말로 말해 준다. 형용사는 세 명이 자주 나타내는 특성이어야 한다. 게임리더는 이 세 형용사를 각각의 종이에 써넣은 다음 이 3장의 종이를 모든 참가자가 볼 수 있도록 그들 가운데에 놓는다. 다른 참가자들은 이 세 명과 여러 다른 주제를 가지고 대화와 면접을 진행한다. 세 명의 자원자들은 자기들이 어떤 특성을 나타냈는지 다른 참가자들이 추측할 수 있도록 하는 방식으로 여러 질문에 대답한다. 참가자들은 각 질문이 끝난 후에 추측한다. 게임이 빨리 끝날 수도 있기 때문에 참가자들은 차례를 바꿔 가면서 지원자 형용사 게임을 계속할 수 있다.

변형

- 게임리더는 세 명의 지원자에게 자질을 할당할 수 있다.
- 참가자들은 지원자들이 선택된 자질을 나타내는 방식으로 반응하는 뉴스 표제에 관해 말한다.

생각해 볼 점

- 지원자와 그 자질은 일치하는가?

● 지원자들은 자신들의 자질을 잘 나타냈는가?

역할극 : 시작하기 전에 미리 '개인', '자질', '상황'을 각 종이에 작성하라. 시작되면 각 참가자는 '개인 종이'와 '자질 종이'를 뽑는다. 다음에는 서로 짝을 지은 후 '상황 종이'를 뽑아 그 내용에 따라 역할극을 진행한다.

예

참가자 A : "할아버지", "온화한"

참가자 B : "꼬마 어린이", "활기찬"

상황 종이 : "그 둘은 공항에 있다. 둘 중 하나가 행방불명된다. 결국 둘은 다시 만난다."

그다음 게임에서는, 두 참가자는 또 다른 '개인', '자질', '상황' 종이를 뽑는다.

관련게임

17 : '나' 박물관 ◆ 19 : 나의 형용사 추측하기 ◆ 28 : 두 가지 면접 ◆ 30 : 머리는 정직하고, 꼬리는 거짓말을 한다 ◆ 34 : 그림 선물 ◆ 35~39 : 너를 받아들이기 ◆ 53 : 너는 나랑 같니? ◆ 91~92 : 모의 게임

_101가지 생활기술 게임_에 있는 관련게임

27 : 나는 나와 같은 사람을 만났다 ◆ 44 : 좋은 아침! ◆ 62 : 응급구조함 ◆ 94 : 동화 인물 ◆ 97~101 : 팬터마임 극

19

나의 형용사 추측하기

준비물 : 형용사가 쓰인 카드들

목표

- 다른 사람의 성격 특성에 반응하기
- 자기의식 강화하기

게임방식 : 참가자들의 가운데에는 6장의 카드가 있는데, 각 카드에는 다음 형용사들 중 하나가 쓰여 있다 : 재미있는, 느긋한, 비관적인, 진지한, 낙관적인, 불안한.

　자원자 한 명은 눈을 감는다. 다른 한 명의 참가자는 6장의 카드 중 하나를 집어 다른 참가자들이 카드를 볼 수 있도록 자원자의 뒤에 선다. 나머지는 차례로 자원자에게 카드에 쓰인 형용사가 무엇인지 힌트를 준다. 자원자가 올바르게 추측하면, 가장 마지막 힌트를 준 참가자가 자원자 역할을 한다.

예 : 만일 카드에 "재미있는"이라고 쓰여 있다면, 힌트는 다음과 같을 것이다.

- "하하하"
- "만화와 코미디언"
- "군인 철모와 사랑에 빠진 거북이"

생각해 볼 점

- 여러분 뒤에 있는 카드가 여러분을 잘 나타냈는가?
- 자원자들은 자신의 자질을 잘 나타냈는가?
- 카드에 쓰인 자질들의 장단점은 무엇인가?

관련게임

18 : **재주와 특성**과 이 게임에서 제시된 관련게임 모두 ◆ 20 : **성격의 조각**

성격의 조각

준비물 : 펜과 쪽지

목표
- 감정 표현하기
- 자기 이미지와 남들에게 보여진 이미지 비교하기
- 수용과 거부 다루기
- 친해지기
- 어색한 분위기 없애기

게임방식 : 이 게임은 아직 서로를 잘 모르는 아동들에게 적합하지만, 서로 잘 알아도 할 수 있다. 모든 참가자는 5~10개의 서로 다른 성격 특성을 각각의 종이에 적는다. 그런 다음에 방 안을 돌면서 서로 종이를 주고받는다. 참가자들은 모든 종이를 받을 필요는 없다. 자기가 갖고 있지 않은 특성이나 갖고 싶지 않은 특성은 거절할 수 있다. 이제 차례로 실내 중앙으로 모여서 자기가 어떤 성격 특성들을 받았는지 이야기하고 그런 특성들을 보여 주기 위해 노력한다.

생각해 볼 점
- 어떤 사람의 경우, 많은 사람들에 의해 성격 특성이 잘못 말해지지 않았는가?
- 누가 전체 집단 앞에서 자신에 대한 잘못된 이미지를 바로잡으려 했는가?
- 여러분은 뭐라고 쓰인 종이를 좋아했는가? 뭐라고 쓰인 종이에 대해 화냈는가?
- 이 게임은 좋은 집단의식에 공헌했는가?

관련게임
19 : **나의 형용사 추측하기** ◆ 21 : **도움 요청**

21

나는 어떤 사람인가

도움 요청

준비물 : 펜과 종이

목표
- 자기평가 훈련하기
- 의사소통 시작하기

게임방식 : 각 참가자는 자신이 갖고 있다고 생각하는 성격 특성 5개를 종이에 적는다. 다음에는, 그런 특성이나 자질을 필요로 하는 직업에 대해 직업 내용을 기술한다.

참가자들은 짝을 지어 직업 면접을 수행한다. 각 짝에서 한 사람은 고용주 역할을, 다른 사람은 구직자 역할을 한다. 끝으로, 각 고용주는 면접을 본 구직자가 구체적인 자질 특성들을 얼마나 많이 가졌는지와 그 구직자를 고용할 것인지 아닌지를 집단에 보고한다.

생각해 볼 점 : 어떤 자질들이 취업을 하는 데 매우 중요한가?

관련게임
20 : 성격의 조각 ◆ 28 : 두 가지 면접 ◆ 35~39 : 너를 받아들이기

101가지 생활기술 게임에 있는 관련게임
6~7 : 내가 할 수 있는 것 ◆ 18 : 소리 특성을 수집하기 ◆ 54 : 뜨거운 자리

너 게임

너를 알아 가기
게임 22~34

너를 받아들이기
게임 35~39

너와 함께 작업하기
게임 40~45

사람 수
무관

너를 알아 가기

내 이름에 대한 이야기

목표
- 자기정체성 강화하기
- 이름 배우기
- 서술하기
- 짝 찾기
- 자기소개하기
- 다른 사람 소개하기

게임방식 : 각 참가자는 자신의 이름을 말하고, 이름에 관한 이야기를 한다.

예 : 내 이름은 맥스입니다. 5살 때 캠프에 갔었는데, 지도 선생님이 나에게 말씀하셨습니다. "네 이름도 맥스구나! 이 캠프에는 이미 맥스가 있단다. 걔는 행실이 바르지는 않단다. 우리는 너를 착한 맥스라고 부를 수 있기를 바란다!" 그들은 처음 며칠 동안은 나를 착한 맥스라고 불렀습니다. 그 후 다른 맥스와 나는 친한 친구가 되었습니다. 그 이후의 여름 동안에 그 캠프에는 두 명의 악동 맥스가 있었습니다.

변형 : 각 참가자는 파트너를 고른 다음 파트너에게 자기 이야기를 해 준다. 이제 각 참가자는 자신의 파트너의 "내 이름에 대한 이야기"를 참고하여 그를 다른 참가자들에게 소개한다.

생각해 볼 점
- 여러분은 자신의 이름을 좋아하는가?
- 여러분 자신을 상상하기에 좋은 다른 이름은 무엇인가?

- 여러분이 갖고 싶은 다른 이름은 무엇인가?
- 어떤 이름으로 불리는 것이 싫은가?

관련게임

23 : 내 이름은? ◆ 52~59 : **협동 게임**

101가지 생활기술 게임에 있는 **관련게임**

20~26 : **너를 알아 가기** ◆ 33~40 : **너와 함께 작업하기** ◆ 43 : **인사하기 게임**

◆ 54 : 뜨거운 자리

내 이름은?

목표

- 서로 알아 가기
- 자기소개하기
- 시각 기억 훈련하기
- 움직임을 통해 억제 감소시키기

게임방식 : 이 게임은 서로를 모르는 아동들을 위해 설계되었다. 먼저 참가자의 연령과 기억 가능성에 따라 이들을 7~10개 집단으로 나눈다. 각 집단은 둥근 원을 형성한 후, 한 명씩 차례로 자기의 이름을 말할 때 독특한 몸짓을 한다. 이때 다른 참가자들은 그 움직임과 이름을 똑같이 반복한다. 원에 있던 모든 참가자가 자기 이름과 몸짓을 수행한 후에는, 원을 다시 구성하고 모두에게 다시 한 번 이름과 몸짓을 기억할 기회를 준다. 이제는 첫 번째 참가자가 일어나서 "내 이름은?" 하고 말한다. 그러면 그 참가자의 이름과 몸짓을 기억하는 사람들이 손을 든다. 그들이 올바른 이름을 말하면 다음 차례로 계속 넘어간다.

주의사항 : 첫 번째 회기가 끝나면, 참가자들을 다시 재집단화하여 새로운 사람들을 만나게 할 수도 있다.

몸짓의 예

- 뛰어오르기
- 웅크리기
- 빙빙 돌기
- 하늘을 향해 손을 뻗기
- 팔짱 끼기

변형 : 한 참가자가 집단의 구성원들이 드러나는 이야기를 한다. 이름을 말할 때가 되면, 이름 대신에 그가 했던 몸짓으로 대체한다. 이야기가 끝나면, 듣고 있던 사람들은 이야기 속에 나오는 참가자의 이름을 말한다.

주의사항 : 전체 학습 관점에서 보면, 언어와 움직임을 병행해 사용하는 것은 기억하는 데 특별한 중요성이 있다. 이 게임에서 어느 한 참가자가 해낸 움직임은 시간이 지난 뒤에도 남아서 나중에 그 참가자를 보았을 때 그 움직임이 떠오른다.

생각해 볼 점 : 그 움직임은 여러분이 그 사람의 이름을 기억하는 데 도움이 되었는가? 어떤 이름들은 그 움직임 때문에 다른 이름들보다 기억하기가 더 쉬웠는가?

관련게임
22 : 내 이름에 대한 이야기　◆ 24 : 이름 수수께끼　◆ 36 : 스파이
◆ 85~90 : 동상과 조각하기 게임

***101가지 생활기술 게임*에 있는 관련게임**
20~26 : 너를 알아 가기　◆ 27~32 : 너를 이해하기　◆ 43 : 인사하기 게임
◆ 52~56 : 통합 게임　◆ 78 : 평화의 말　◆ 84~92 : 동상과 조각하기 게임
◆ 97~101 : 팬터마임 극

24

이름 수수께끼

준비물 : 펜과 써넣을 수 있는 빈 카드

목표

- 이름 알기
- 시각 기억 훈련하기
- 창의성 자극하기

게임방식 : 참가자들은 원을 그려 앉는다. 각 참가자는 자신의 이름을 5센티미터 높이로 카드에 써서 다른 사람들이 쉽게 읽을 수 있도록 자기 앞에 놓는다. 이제는 모든 참가자가 잠깐 시간을 갖고 각기 다른 이름이 쓰인 방식을 이해한다. 모두가 한동안 이름들을 살펴본 후 카드가 가운데로 모아지고, 집단은 이름에 대한 수수께끼를 만든다. 다른 참가자들은 정답 이름이 쓰인 카드를 첫 번째로 잡기 위해 노력한다.

예

　"이름 일부에 'Anne'이 들어가 있습니다." (답 : "Joanne")

　"이름 끝의 글자가 반복됩니다." (답 : "Matt")

　"그 이름이 성경에도 나오고 스타워즈에도 나옵니다." (답 : "Luke")

　"이름이 세 글자로 되어 있습니다." (답 : "Eve")

관련게임

23 : 내 이름은? ◆ 25 : 집잽 이름들

25

집잽 이름들

준비물 : 의자

목표

- 첫 접촉 시작하기
- 이름 알기
- 워밍업하기
- 사려 깊어지기

게임방식 : 둥그렇게 둘러앉은 의자들 가운데에 한 참가자가 서 있다. 그 참가자가 "집(Zip!)"이라 말하면 다른 모든 참가자는 자기 왼쪽 사람의 이름을 외치고, "잽(Zap!)" 하면 자기 오른쪽 사람의 이름을 외친다. 만일 "집잽!"이라고 말하면 모든 참가자는 의자를 바꿔 앉는다. 이때 서 있던 참가자도 자리를 찾아 앉는다. 이렇게 되면, 의자 수보다 사람 수가 한 명 더 많으므로 의자에 앉지 못하는 참가자가 한 명 남게 된다. 이제는 그 참가자가 가운데에 서서 "집!", "잽!", "집잽!" 게임을 계속한다.

주의사항 : 이 게임은 워밍업용으로, 또한 집단을 움직이게 하는 데 아주 좋다. 재빠르게 의자를 바꿔야 하는 것 또한 다른 사람을 배려하는 연습을 하는 좋은 기회이다.

관련게임

24 : **이름 수수께끼** ◆ 26 : **안녕, 잘 가** ◆ 35~39 : **너를 받아들이기**
◆ 40~45 : **너와 함께 작업하기** ◆ 46~51 : **집단 워밍업 게임** ◆ 52~59 : **협동 게임**

***101가지 생활기술 게임*에 있는 관련게임**

2 : 달려가기 게임 ◆ 20~26 : 너를 알아 가기 ◆ 27~32 : 너를 이해하기

◆ 33~40 : 너와 함께 작업하기 ◆ 41~44 : 집단 워밍업 게임 ◆ 52~56 : 통합 게임

안녕, 잘 가

준비물: 펜과 종이, 그리고 그것을 담을 수 있는 빈 상자

목표

- 첫 접촉 시작하기
- 주의집중을 받는 동안 평정 유지하기
- 의사소통 시작하기

게임방식: 참가자들은 한 장의 종이에 자기를 만날 때와 헤어질 때 어떤 인사를 했으면 좋겠는지를 쓴다. 또한 거기에 자기 이름도 쓴다. 모든 종이를 걷어 섞은 후에, 그중 한 장을 뽑아 그것을 쓴 사람을 방에서 나가도록 한다. 그 참가자가 돌아올 때, 집단은 그 참가자가 원하는 방식으로 만남의 인사를 하고 다음에는 역시 그 참가자가 좋아하는 방식으로 작별 인사를 한다. 물론 이때 그 참가자는, 아주 잠깐이지만, 방에서 나가도록 한다.

변형: 모든 종이를 상자에 넣는다. 각 참가자는 그중 하나를 뽑아 이름을 확인한 후에 그 참가자가 좋아하는 방식으로 인사를 건넨 다음 그 종이를 다시 상자에 넣는다. 그런 다음 다시 시작한다.

예

"내 이름은 케빈입니다. 나는 껴안으면서 인사하고 싶어요."

"내 이름은 제프입니다. 내가 교실에 들어올 때는 '하이, 미남!' 하고 불러 주면 좋겠어요."

"여러분이 '안녕, 수지' 하고 내 이름을 부를 때는 칭찬도 같이 해 주세요."

생각해 볼 점

- 여러분이 원했던 인사 방식이 이루어졌는가? 만일 그 게임을 또 한다면, 지금과 같은 방식을 원하겠는가? 다른 사람은 여러분이 원하는 것을 허용하는 방식에서 차이가 있는가?
- 왜 실제 생활에서는 여러분이 원하는 인사 방식이 항상 이루어지지 않는가?
- 다정한 인사보다 오히려 "안녕", "잘 가" 같은 형식적인 인사를 더 좋아할 때가 있는가?

관련게임

25 : 집잽 이름들 ◆ 27 : 도중에 만나다 ◆ 45 : 우연한 동반자 ◆ 74 : 좋은 것

*101가지 생활기술 게임*에 있는 관련게임

3 : 소원카드 ◆ 23 : 자필서명책 ◆ 26 : 내 오른쪽 자리가 비었어요(트위스트를 추며)

◆ 33~40 : 너와 함께 작업하기 ◆ 43 : 인사하기 게임 ◆ 44 : 좋은 아침!

◆ 52~56 : 통합 게임 ◆ 62 : 응급구조함

도중에 만나다

준비물 : 펜과 큰 종이

목표

- 집단의식 강화하기
- 친해지기
- 둘 사이의 공통점 발견하기

게임방식 : 참가자들은 짝을 짓는다. 각 짝은 갖고 있는 종이의 가운데에 학교 (또는 만남의 장소)를 그린다. 각 짝에서 한 참가자가 자신의 집을 종이의 여백에 그려 넣고 학교까지 어떻게 오는지를 그리면서 상대방에게 설명한다. 다음에는 상대방이 자기 집을 그리고 학교에 오는 길을 그려 넣는다. 결국에는 둘이 서로를 방문하기 위해서 가야 하는 길을 알게 되므로, 가는 도중에 서로 만날 수 있다-종이 위에서!

변형: 모든 참가자는 교실을 중심으로 하여 자기 집의 지리적 위치에 따라 선다. 예를 들면, 학교 북쪽에 사는 사람은 교실의 북쪽에 선다. 이웃에 사는 경우에는 서로 나란히 선다. 학교 가까이에 사는 참가자들은 교실 가운데 선생님이 앉아 있는 가까이에 선다. 이제 참가자들은 서로를 방문할 수 있으며, 예를 들어, "내가 조안을 방문하려면, 나는 메건과 루크를 지나가야 해."라고 말한다.

관련게임

26 : 안녕, 잘 가 ◆ 28 : 두 가지 면접 ◆ 39 : 꼬투리 안의 콩알 두 개

◆ 40~45 : 너와 함께 작업하기 ◆ 46~51 : 집단 워밍업 게임

◆ 52 : 원 안으로 들어와

_101가지 생활기술 게임_에 있는 관련게임

27~32 : 너를 이해하기 ◆ 33~40 : 너와 함께 작업하기 ◆ 53 : 집단 만들기 게임

두 가지 면접

준비물 : 펜과 쪽지

목표

- 대화하기
- 서로 알아 가기
- 정직성 연습하기
- 대화에서 가까이하기와 거리 두기 성취하기

게임방식 : 각 참가자는 쪽지에 다른 참가자에게 묻고 싶은 질문 5개를 적는다. 참가자들은 짝을 짓고 서로에게 적어 놓은 질문을 한다.

결국 모두는 둥글게 원을 그린 의자에 앉는다. 집단의 나머지 참가자는 다른 짝의 참가자에게 그 상대방에 관해 질문한다. 예컨대 "상대방의 이름은 뭡니까?", "어떤 크기의 신발을 신나요?" 등. 상대방에 관한 질문에 대답을 많이 할수록 더 좋다.

변형 : 두 가지 면접 후, 각 참가자는 새로운 파트너를 만나 대화를 시작한다. 예컨대 "긴 금발의 소녀와 얘기하는 걸 봤는데, 무엇에 관한 얘기를 했나요? 그 소녀에 관한 얘기를 해 봐요!"

생각해 볼 점

- 어떤 사람이 여러분을 면접할 때와 여러분이 자신에 대해 전체 집단 앞에서 얘기해야 할 때 간에 차이가 있는가?
- 여러분이 그 자리에 있는데, 누군가가 여러분에 관해 얘기할 때 기분이 어떤가?

- 여러분이 대답할 수 없거나 대답하기 싫은 질문을 받았는가?
- 여러분이 묻기 싫은 질문들이 있는가?
- 여러분은 어떤 질문에 불명확하게 또는 부정직하게 대답한 일이 있는가? 왜 그랬는가?

관련게임

27 : **도중에 만나다** ◆ 29 : **일회성 비밀** ◆ 38 : **스무 고개** ◆ 46 : **구두점**

*101가지 생활기술 게임*에 있는 관련게임

54 : 뜨거운 자리

일회성 비밀

목표

- 친해지기
- 신뢰하기
- 비밀 다루기
- 집단의식 이해하기

게임방식 : 집단리더는 참가자들로 하여금 교실 내에서 돌며 그들이 만나는 모든 이에게 비밀일 수 있는 무엇인가를 속닥이도록 한다(예 : "너한테 비밀을 말해 줄게. 나는 이번 여름에 하와이에 간다!" 또는 "내가 한 달 내에 이사 가는 거 알았어?").

몇 분 후 참가자들은 동료 참가자의 비밀을 털어놓는다(예 : "릭이 이번 여름에 하와이에 간다는 걸 알고 있었어?" 또는 "바바라에 관한 비밀을 알고 있는데, 얘기 안 할래. 알았어, 얘기해 줄게. 한 달 안에 이사 간대!").

주의사항 : 게임 시작 전에 명백히 해 둘 것이 있는데, 이 게임은 역할극으로서 참가자들이 서로의 비밀을 말해도 되는 규칙이 있다는 점이다. 그러나 게임 후에는, 전체가 모여 어떤 때는 비밀을 지켜야 좋고 어떤 때는 지키지 않아도 되는지에 관해 이야기해야 한다.

생각해 볼 점

- 비밀을 말한다는 것은 무엇과 비슷한가? 누구를 믿을 수 있는가?
- 이제까지 여러분의 신뢰를 배반한 사람이 있는가?
- 나 역시 신뢰받고 있는가? 나는 신뢰받을 만한 사람인가?
- 게임에서 비밀을 말하는 데 어색하게 느끼는 이는 누구인가?

- 여러분은 비밀을 말한다는 것에 대하여 걱정하였는가?
- 비밀을 말할 때 여러분은 보통 비밀을 말하는가 또는 별 해로움 없는 사실을 말하는가?
- 집단의식과 비밀 공유 사이에는 어떤 연관이 있는가?

역할극

- 다시는 너에게 비밀을 말하지 않겠다!
- 범죄자가 가장 친한 친구에게 범죄 사실을 고백했다. 그 친구는 어떻게 해야 할까?

관련게임

28 : 두 가지 면접 ◆ 30 : 머리는 정직하고, 꼬리는 거짓말을 한다 ◆ 31 : 소문 공장

*101가지 생활기술 게임*에 있는 관련게임

56 : 알려 줘 제발 ◆ 59 : 헬퍼(도와주는 사람) 게임

머리는 정직하고,
꼬리는 거짓말을 한다

준비물 : 펜과 종이

목표

- 서로 알아 가기
- 진실과 거짓 다루기
- 의사소통적 질문 연습하기

게임방식 : 각 참가자는 다른 참가자를 더 잘 알기 위해 6개의 질문을 1～6의 번호를 붙여 종이에 쓴다(아래의 예 참조). 그런 다음 짝을 짓는다. 각 짝에서는 그중 한 명이 질문을 하고 동전을 던진다. 만일 동전의 뒷면이 나오면 질문받은 상대방은 진실을 말해야 하며("나는 그 질문에는 대답하고 싶지 않아."라는 답도 진실이다), 동전의 앞면이 나오면 거짓으로 대답해야 한다.

예

1. 형제자매가 몇 명인가?
2. 이 교실 내의 누구와 가까이 사는가?
3. 용돈은 얼마 정도 받는가?
4. 최근에 무척 화났던 일은 무엇인가?
5. 너를 진짜 슬프게 하는 것은 무엇인가?
6. 좋아하는 농담은 무엇인가?

변형

- 게임은 집단 전체가 둥글게 둘러앉아 할 수도 있다. 누운 병을 돌려서 꼭 지가 가리키는 사람이 질문에 대답하는 것이다. 그런 다음에 동전을 던지면 된다.
- 한 참가자는 동전의 앞면이 나왔는지 뒷면이 나왔는지를 모르게 한다. 그렇게 되면 그 참가자는 질문에 대해 진실로 말해야 할지 거짓으로 말해야 할지를 추측할 수밖에 없다. 이 참가자가 모르도록 하기 위해 눈을 감도록 하고, 나머지 사람들에게는 동전의 앞면이 나오면 '엄지손가락을 위로', 뒷면이 나오면 '엄지손가락을 아래로' 해서 알려 줄 수 있다.

생각해 볼 점

- 거짓으로 대답하기가 힘들었는가?
- 누군가가 거짓말할 때, 그것을 항상 알기를 원하는가?
- 여러분으로 하여금 "말하지 않겠어.", "모르겠어.", "그건 대답할 수 없어." 등의 말을 하게 만드는 질문들이 있는가?
- 누군가가 진실을 말하지 않을 때 신체언어로 알 수 있는가?

역할극

- 하얀 거짓말
- 재판관에게 말하라!
- 죄책감

관련게임

29 : 일회성 비밀 ◆ 31 : 소문 공장 ◆ 101 : **개별화된 영향력**

*101가지 생활기술 게임*에 있는 관련게임

54 : 뜨거운 자리

소문 공장

목표

- 서로 알아 가기
- 소문 다루기
- 사실을 정확하게 전달하기
- 진실을 말하기

게임방식 : 참가자들을 네 명이 한 집단이 되도록 만들고 집단들은 각각 따로 게임을 한다. 각 집단의 참가자 1과 2는 함께 교실 구석으로 가서 2가 1에게 몇 가지 질문을 한다. 참가자 1이 물러가고, 참가자 2는 그 면접 결과를 참가자 3에게 알려 준다. 참가자 3은 4에게 자신이 들었던 내용을 말해 준다. 이제 참가자 4는 다른 세 명의 참가자들에게 참가자 1이 원래 면접에서 말했다고 생각되는 내용을 말해 준다. 끝으로, 참가자 1은 원래 자신이 했던 말을 말해 준다. 그러면 그 집단은 원래 정보에서 얼마나 많이 사라졌는지 그리고 도중에 어떤 것들이 추가되거나 변형되었는지를 알 수 있다.

변형 : 그림에 대한 묘사를 사람에서 사람으로 전한다.

생각해 볼 점

- 소문은 어떻게 시작되는가?
- 정보는 전달하는 과정에서 어떻게 변화하는가?
- 일상생활에서 인기 있는 소문의 표제는 어떤 것들인가?
- 여러분에 대한 소문이 있었는가?
- 나쁜 소문을 만들어 내거나 계속하는 데서 여러분은 어떻게 빠져나올 수 있는가?

- 편견이 소문을 만들어 내는 원인일 수 있는가?

관련게임

30 : 머리는 정직하고, 꼬리는 거짓말을 한다 ◆ 32 : 여러분이 어떤지 보세요

◆ 77 : 위협의 원 ◆ 81 : 시련

*101가지 생활기술 게임*에 있는 관련게임

79 : 루머

32

여러분이 어떤지 보세요

준비물 : 펜과 종이

목표

- 서로 알아 가기
- 다른 사람 묘사하는 것 배우기
- 언어적 의사소통 향상하기
- 사회적 의식과 시각적 의식 훈련하기

게임방식 : 참가자들은 짝을 짓고 서로 연령, 가족, 취미, 성격 특성, 좋아하는 것과 싫어하는 것 등등에 관해 면접한 후 그 결과를 종이에 몇 개 문장으로 적는다. 종이의 뒷면에는 그 사람의 신체적 특징을 간단히 기술한다.

이 종이는 다른 참가자와 서로 교환한다. 참가자들은 종이의 앞면을 먼저 읽고, 그 사람이 누구인지를 추측한다. 만약 그러고도 집어낼 수 없으면 뒷면을 본다.

관련게임

31 : 소문 공장 ◆ 33 : 좋아하는 장소 ◆ 35~39 : 너를 받아들이기
◆ 54 : 우리는 닮았어

***101가지 생활기술 게임*에 있는 관련게임**

30 : 네가 나를 그려 ◆ 84~92 : 동상과 조각하기 게임

좋아하는 장소

목표

- 서로 잘 알아 가기
- 시각 기억 강화하기
- 누군가를 행복하게 해 주기

게임방식 : 짝을 지은 후, 각 참가자는 서로 자신이 좋아하는 장소를 서술한다. 그 장소는 집 안일 수도 있고(의자, 방, 방의 어느 한 구석), 야외일 수도 있으며 (뒤뜰의 벤치, 특정한 나무 아래 어느 한 장소, 관찰지점, 초원), 공공장소일 수도 있다(교실이나 도심, 공원의 어느 한 지점). 상대방이 아무런 도움 없이 서술된 장소를 그릴 수 있도록 충분한 정보를 주어야 한다. 파트너들은 서로의 좋아하는 장소를 그려 상대방에게 선물한다.

변형

- 각 참가자는 파트너에게 자기가 좋아하는 장소에 있을 때의 느낌을 말해 준다 : 거기에서 무엇을 볼 수 있는지, 어떤 소리를 들을 수 있는지, 어떤 냄새가 나는지, 따뜻한지 또는 차가운지, 어떤 생각이 떠오르는지 등.
- 네 명으로 된 집단에서 참가자들은 자기 파트너가 좋아하는 장소에 관해서 보고한다. 듣는 사람들은 눈을 감고 말해 주는 사람의 방식으로 모든 것을 느끼고 경험하려고 노력한다.

생각해 볼 점

- 모든 좋아하는 장소에 공통된 어떤 자질이 있는가?
- 만일 모든 사람의 좋아하는 장소가 같다면 어떤 일이 벌어질까?
- 여러분 자신을 위해 갖고자 했던 어떤 장소가 어지럽혀진 적이 있는가?

● 누군가와 같이 시간을 보내고 싶은 장소가 있는가?

관련게임

32 : 여러분이 어떤지 보세요 ◆ 34 : 그림 선물 ◆ 40~45 : 너와 함께 작업하기
◆ 56 : 교실 설계하기

***101가지 생활기술 게임*에 있는 관련게임**

1~5 : 내가 좋아하는 것 ◆ 10 : 방 바꾸기 ◆ 45~51 : 협동 게임
◆ 57~70 : 돕기 게임

34

그림 선물

준비물 : 광범위한 주제의 그림들－자연, 사람, 가정용품 등

목표

- 접촉 시작하기
- 누군가를 행복하게 해 주기
- 선물받는 것 배우기

게임방식 : 큰 테이블에 참가자들의 2배수만큼 그림 카드를 펼쳐 놓는다. 카드에는 풍경, 사물, 사람, 접시, 식물, 동물, 사건 등이 들어 있다. 참가자들은 자기 파트너에게 줄 선물로 그림을 고르고, 왜 그 그림을 골랐는지를 얘기한다. 그 선물을 받은 사람은 그 선물에 대해 감사하면서 왜 그 선물이 마음에 드는지 또는 마음에 안 드는지를 설명한다. 선물은 다른 사람에게 넘겨질 수 있다.

예 : "나는 여기 바다에 있는 집을 당신에게 주겠습니다. 왜냐하면, 내가 믿기에 당신은 물 가까이 있는 것을 좋아하며, 때로는 홀로 있는 것을 좋아하기 때문입

니다."

생각해 볼 점

- 여러분은 선물하는 것을 좋아하는가?
- 어떤 종류의 선물을 가장 좋아하는가?
- 다른 사람이 무엇을 좋아하는지를 어떻게 아는가?
- 누군가가 여러분에게 아무 생각 없이 선물한 적이 있는가?

역할극 : 잘못된 선물. 누군가가 여러분에게 오싹한 선물(예 : 가짜 눈알)을 주고 여러분은 그것이 항상 갖고 싶었던 것인 양 꾸민다.

관련게임

33 : **좋아하는 장소** ◆ 35~39 : **너를 받아들이기** ◆ 67~73 : **관계 게임**
◆ 74 : **좋은 것**

*101가지 생활기술 게임*에 있는 관련게임

3 : **소원카드** ◆ 57~70 : **돕기 게임**

너를 받아들이기

예 아니요 예 아니요

준비물 : 펜과 쪽지

목표

- 자기 이미지와 남이 보는 나를 비교하기
- 유사점 발견하기

게임방식 : 각 참가자는 5장의 쪽지를 받는다. 그중 3장에는 '예'와 '아니요'로 답할 수 있는 개인적인 질문을 쓰고 그것을 중앙으로 모은다. 참가자 모두 네 번째 쪽지에는 "예"라고 쓰고, 다섯 번째 조각에는 "아니요"라고 쓴다.

이제 첫 번째 참가자가 종이를 뽑아 그 질문을 읽는다. 그런 다음, 그 질문에 대한 자신의 답을 '예', '아니요' 쪽지에서 뽑아 자기 앞에 엎어서 놓는다(답이 보이지 않게). 다른 참가자들은 그 첫 번 참가자가 '예', '아니요' 중 어느 것을 골랐을지를 추측하여 그에 해당하는 쪽지를 자기 앞에 엎어서 놓는다. 이제 참가자들은 차례로 자신의 쪽지를 젖힌 다음, 왜 첫 번 참가자가 자기처럼 응답했을 거라고 생각했는지를 설명한다. 끝으로, 첫 번 참가자도 자신의 응답지를 공개한다.

예

- 형제자매가 있는가?
- 축구를 하는가?
- 집에 개가 있는가?

생각해 볼 점

- 다른 사람들이 여러분을 잘 모르는가?

- 왜 그들은 여러분의 대답을 추측하지 못했을까?
- 여러분은 자신이 남들에 의해 추측하기 쉬운 사람이기를 원하는가?
- 어떻게 하면 여러분은 덜 신비한 사람이 될 수 있을까?
- 여러분은 남들이 여러분 자신에 대해 너무 많이 알지 않도록 하려면 어떻게 해야 할까?
- 만일 남들이 여러분을 잘 알지 못하면, 어떤 불리한 점들이 있을까?

관련게임

13~21 : 나는 어떤 사람인가 ◆ 28 : 두 가지 면접 ◆ 32 : 여러분이 어떤지 보세요 ◆ 33 : 좋아하는 장소 ◆ 34 : 그림 선물 ◆ 36 : 스파이 ◆ 46 : 구두점 ◆ 85~90 : 동상과 조각하기 게임 ◆ 93~101 : 사회적 역할극 게임

***101가지 생활기술 게임*에 있는 관련게임**

62 : 응급구조함

스파이

준비물 : 펜과 색인 카드

목표
- 남들이 우리를 어떻게 보는지 배우기
- 사회적 의식 훈련하기

게임방식 : 이 게임은 다른 게임과 같이 해야 의미가 있다. 모든 참가자는 자신의 이름을 색인 카드에 적는다. 그 카드들을 섞은 다음 각 참가자는 카드를 하나 뽑아 남들이 못 보게 간직한다. 그런 다음, 자기가 뽑은 색인 카드의 인물이 다른 게임에서 어떻게 하는지를 비밀리에 관찰해야 한다. 그런 게임들이 다 끝난 후에, 참가자들은 자신의 관찰 결과를 집단 전체에 보고한다.

생각해 볼 점
- 다른 사람들에 대해 무엇을 관찰했는가?
- 여러분이 뽑은 사람은 게임에서 얼마나 적극적이었는가?
- 여러분이 뽑은 사람은 무엇을 하고 무엇을 말했는가?
- 여러분이 뽑은 사람의 옷이나 언어, 움직임 등에서 어떤 특별한 것들을 보았는가?

변형 : 몇 명의 학생들만 스파이를 하고, 그들은 다른 게임은 하지 않는다. 다른 참가자들은 그들이 스파이라는 것은 알지만, 그들이 누구의 이름을 뽑았는지는 모른다.

역할극 : 한 참가자가 무언가 의심스러운 것을 발견했다. 그는 곧 집단리더에게

자기가 본 것을 얘기한다. 혐의를 받은 사람은 무서운 물건을 가진 걸로 고발되지만, 그 일이 실제로 일어나지는 않는다.

관련게임

35 : 예 아니요 예 아니요 ◆ 37 : 동물 도구상자 ◆ 54 : 우리는 닮았어 ◆ 85~90 : 동상과 조각하기 게임 ◆ 93~101 : 사회적 역할극 게임

***101가지 생활기술 게임*에 있는 관련게임**

29 : 네가 나를 비춰 ◆ 53 : 집단 만들기 게임 ◆ 78 : 평화의 말

동물 도구상자

준비물 : 펜과 쪽지

목표

- 자기 이미지와 남들이 나를 어떻게 보는지 비교하기
- 사회적 의식 훈련하기

게임방식 : 각 참가자는 쪽지 한 장을 갖고 있으면서 동물 한 마리를 생각한다. 다음에는 이 동물이 연상시키는 식물이나 도구, 색상 등을 쪽지에 쓴다. 이것들을 모아서 섞은 후, 참가자들이 차례로 하나씩 뽑는다. 모두가 어떤 동물을 생각한 건지 추측하고, 그런 다음 그 종이를 썼던 사람이 나서서 자기가 쓴 것들이 그 동물과 어떻게 연관되는지 설명한다.

예 : 기린, 큰 나무, 사다리, 노란색. 이를 쓴 참가자는 이렇게 말할 수 있다. "키 큰 나무의 잎은 기린 같은 동물만이 베어 먹을 수 있고, 사다리는 기린같이 높은 곳에 이를 수 있는 도구이며, 노란색은 기린의 색깔이다."

관련게임

1~10 : **내가 느끼는 것** ◆ 13~21 : **나는 어떤 사람인가** ◆ 36 : **스파이**
◆ 38 : **스무 고개**

***101가지 생활기술 게임*에 있는 관련게임**

1~5 : **내가 좋아하는 것** ◆ 27~32 : **너를 이해하기**

너를 받아들이기

스무 고개

준비물 : 펜과 쪽지

목표

- 남들이 나를 어떻게 보는지 배우기
- 사귀기

게임방식 : 한 참가자가 다른 참가자의 이름을 쓴 다음 남들에게 보이지 않도록 한다. 다른 참가자들은 그 이름을 추측해 내기 위해 이름을 쓴 사람에게 차례로 질문한다. 질문 중 "아니요"라는 응답이 나오면 즉시 그다음 사람의 질문 차례가 된다.

예

- 그 사람은 여자인가?
- 그 사람은 빨간색 옷을 입었는가?
- 그 사람은 자주 지각하는가?

생각해 볼 점

- 이 게임을 통해 여러분은 다른 사람들이 여러분에 대해 얼마나 많이 또는 얼마나 적게 알고 있는지를 알게 되었는가?
- 여러분은 대부분의 참가자들이 여러분을 아주 잘 알고 있다는 느낌을 갖게 되었는가?
- 다른 사람들이 여러분을 좀 더 알도록 돕기 위해 무엇을 할 수 있는가?

관련게임

37 : 동물 도구상자 ◆ 39 : 꼬투리 안의 콩알 두 개 ◆ 96 : 인터뷰

*101가지 생활기술 게임*에 있는 관련게임

54 : 뜨거운 자리

꼬투리 안의 콩알 두 개

목표

- 시각적 의식 증진하기
- 친구 만들기
- 집단의식과 단결력 향상하기

게임방식 : 모든 참가자가 교실을 한 바퀴 돈다. 그러면서 도중에 만나는 사람마다 그의 앞에 서서 서로 간의 공통된 신체적 특징을 얘기한 다음 "우리는 꼬투리 속의 콩알 두 개야."라고 말한다.

예

"너는 나와 같은 갈색 눈을 가졌어. 우리는 꼬투리 속의 콩알 두 개야."
"우리 둘 다 디지털 시계를 갖고 있어. 우리는 꼬투리 속의 콩알 두 개야."
"우리 둘은 키가 같네. 우리는 꼬투리 속의 콩알 두 개야."

생각해 볼 점

- 매일의 생활에서 사람들의 유사점을 알도록 노력하라. 어떤 특정한 집단들은 무슨 공통점을 갖고 있는가? 여러분이 아는 집단 밖의 사람들도 공통점이 많다는 것을 아는가?
- 여러분은 목적에 따라 같은 복장을 하거나 같은 머리 스타일을 하는 집단을 아는가? 여러분은 서로 하는 말이 비슷한 사람들을 아는가?
- 왜 사람들은 '집단의식'을 장려하고, 복장을 같게 하고, 말도 비슷하게 하려 하는가?

역할극 : 청년 집단의 입회식. 입회 후보자는 자신의 취향이 집단의 규범과 유사

한지에 대해 검증받고, 그 집단의 동의를 받아야 한다. 예를 들면, 똑같은 아침 시리얼을 먹고 똑같은 TV쇼를 보아야 한다.

관련게임

38 : 스무 고개 ◆ 52~59 : **협동 게임** ◆ 67~73 : **관계 게임** ◆ 77 : **위협의 원**
◆ 85~90 : **동상과 조각하기 게임**

*101가지 생활기술 게임*에 있는 관련게임

1~5 : **내가 좋아하는 것** ◆ 27 : **나는 나와 같은 사람을 만났다** ◆ 39 : **쌍둥이**
◆ 50 : **줄다리기** ◆ 77 : **프론트 라인** ◆ 84~92 : **동상과 조각하기 게임**

놀라운 양 손 펜

준비물 : 펜과 큰 종이

목표

- 함께 일하기
- 남의 입장 되어 보기
- 비언어적으로 소통하기

게임방식 : 집단리더는 참가자들을 짝을 짓도록 한다. 각 짝은 펜 하나와 큰 종이를 갖는다. 각 짝은 함께하되 말하지 않고 그림을 그린다. 둘이서 펜 하나를 함께 잡는다. 5분의 시간을 준다.

변형

- 게임리더는 참가자들에게 하나의 주제(예 : 집, 연, 배)를 준다.
- 두 참가자는 함께 그리기 전에 주제에 대해 합의한다.
- 두 참가자가 서로 합의하지 않고 무슨 일이 발생하는지 기다려 본다.

생각해 볼 점

- 여러분은 지나치게 두목 행세하려는 파트너를 만나 보았는가?
- 좋은 협조를 유지하기 위해 여러분은 무슨 일을 할 수 있는가?
- 어떤 자질과 행동이 좋은 팀워크를 방해하는가?

관련게임

41 : **엄청난 두 머리 예술가** ◆ 43 : **하늘을 나는 색깔** ◆ 52~59 : **협동 게임**

◆ 62 : **일상생활에서의 맹인 역할** ◆ 85 : **얼어붙은 쌍** ◆ 93~101 : **사회적 역할극 게임**

101가지 생활기술 게임에 있는 관련게임

27~32 : **너를 이해하기** ◆ 33~40 : **너와 함께 작업하기** ◆ 45~51 : **협동 게임**

◆ 57~70 : **돕기 게임**

짝

너와 함께 작업하기

41

엄청난 두 머리 예술가

준비물 : 펜과 큰 종이

목표

- 팀워크 연습하기
- 남의 입장 되어 보기
- 비언어적으로 소통하기

게임방식 : 집단리더는 참가자들이 짝을 짓도록 한다. 각 짝은 펜 하나와 큰 종이를 갖는다. 서로 말하지 않고, 각 짝의 A참가자가 10~20초간 그림을 그린다. 다음에는 B가 이어서 그린다. 10~20초 후에는 다시 A가 그린다. 둘 중 한 사람이 그림이 완성되었다고 생각하면 거기서 게임이 끝난다.

생각해 볼 점

- 여러분은 하나의 그림을 둘이 함께 그렸는가, 혹은 따로 두 개의 그림을 그렸는가?
- 누구 아이디어가 더 주도적이었는가? 둘 다 결과에 만족하는가? 아니면 둘 중 한 사람이 자기 아이디어를 양보해야 했는가?
- 일상생활에서 둘이서 말로 논의할 필요도 없이 동의하고 함께 일하는 상황이 있는가?

관련게임

40 : **놀라운 양 손 펜** ◆ 42 : **우리는 같은 생각을 하고 있어** ◆ 43 : **하늘을 나는 색깔**

우리는 같은 생각을 하고 있어

준비물 : 펜과 큰 종이

목표

- 팀워크 연습하기
- 사귀기
- 남의 입장 되어 보기
- 다른 이를 위해 자리 비워 두기
- 경계 설정하기
- 평화로운 공존 성취하기

게임방식 : 모든 참가자는 펜을 갖고 짝을 짓는다. 각 짝에서 두 명의 참가자는 같은 종이 위에 동시에 그리기 시작한다. 일부 참가자들은 낙서하듯 하고, 또 일부는 종이 위의 여기저기를 끄적이기도 하며, 다른 참가자들은 추상적인 또는 구체적인 이미지를 그리기도 한다. 때로는 참가자들의 펜이 부딪히기도 한다ㅡ우연히 또는 고의적으로. 각 짝은 자기들의 활동을 협력하거나 또는 서로의 영역을 침범하지 않는다. 끝마쳤을 때는, 두 참가자가 자기들의 작품을 하나의 작품으로 생각하여 이름을 짓는다. 두 사람이 하나의 이름으로 합의하지 못하면 끝난 것이 아니다.

주의사항 : 참가자들은 이 게임을 몇 번에 걸쳐 다른 파트너들과 함께하는 것이 좋다. 그렇게 함으로써 서로 다른 동반자 경험을 하게 할 수 있다.

생각해 볼 점

- 여러분은 어떤 파트너와 가장 잘 어울렸는가?
- 서로 간의 합의가 가장 중요했는가, 또는 서로 다른 아이디어가 때로는 더 재미있는 그림을 만들게 하였는가?

관련게임

40 : **놀라운 양 손 펜**에서 제시된 관련게임 모두 ◆ 41 : **엄청난 두 머리 예술가**
◆ 43 : **하늘을 나는 색깔** ◆ 44 : **두 작가, 한 이야기**

하늘을 나는 색깔

준비물 : 펜 – 참가자들의 반은 같은 색상의 잉크, 다른 반은 또 다른 한 색상의 잉크

목표

- 팀워크 연습하기
- 사귀기
- 남의 입장 되어 보기
- 다른 이를 위해 자리 비워 두기
- 경계 설정하기
- 평화로운 공존 성취하기

게임방식 : 이 게임은 앞서의 42번 게임(**우리는 같은 생각을 하고 있어**)과 유사하다. 참가자들은 짝을 짓는다. 각 짝에서 두 명의 참가자는 서로 다른 색상의 펜을 가지고 같은 종이 위에 동시에 그리기 시작한다. 일부 참가자들은 낙서하듯 하면서 자신의 그림을 그리고, 일부는 두 가지 색상으로 하나의 그림을 그릴 수도 있다는 것을 발견한다. 끝마쳤을 때, 각 짝의 두 참가자는 자기들의 작품에 붙일 하나의 이름에 합의해야 한다.

생각해 볼 점

- 두 색상이 겹쳐졌을 때 무슨 일이 발생했는가? 여러분은 서로 따로 그림을 그렸는가, 아니면 두 색상을 어떤 방식으로 조화시키려 했는가?
- 사람들이 여러분의 그림을 보았을 때, 파트너와 협력해서 그린 여러분의 협동작에 대해서 뭐라고 말했는가?

관련게임

40 : 놀라운 양 손 펜에서 제시된 관련게임 모두 ◆ 41 : **엄청난 두 머리 예술가**

◆ 44 : **두 작가, 한 이야기**

두 작가, 한 이야기

준비물 : 펜과 종이

목표

- 협업 연습하기
- 창의성 촉진하기
- 언어 기민성 향상하기
- 분업하여 일하기
- 동반자 역동 학습하기
- 어떤 일을 함께 성취하기

게임방식 : 참가자들은 짝을 짓고, 각 짝은 함께 종이 위에 이야기를 쓰는데, 서로 차례를 바꿔 가면서 단어를 추가한다. 차례를 바꿀 때는 단어 하나씩을 쓸 때마다 바꿀 수도 있고, 두세 단어를 쓸 때마다 바꿀 수도 있다. 서로에게 영향을 주려고 해서는 안 되고, 생각하느라고 시간을 너무 써서도 안 되며, 자신의 마음에 처음으로 떠오르는 것을 써야 한다. 이야기가 완성되거나 미리 정한 시간이 지난 후에는 집단 앞에서 읽는다.

변형 : 짝 안에서 각 참가자는 특정한 종류의 단어를 책임진다. 예를 들면 다음과 같다.

참가자 A는 모든 동사, 관사, 형용사를 쓴다.
참가자 B는 모든 명사, 접속사, 전치사, 대명사를 쓴다.
그 외 다른 모든 단어는 서로 논의해서 둘 다 쓸 수 있다. 참가자 A가 시작한다 (흔히 관사로).

예 :

One(A) day(B), the(A) father(B) went(A) with(B) his(B) dear(A) wife(B) …

주의사항 : 말(언어)의 부분들에 대한 이해가 부족한 아동들일 경우, 집단리더는
단어들을 좀 더 쉽게 파악할 수 있는 단위로 나눌 수 있다(예 : 명사, 동사, 수식
구, '작은 단어'). 이 게임은 문법에 관한 것이 아니다. 어떤 일을 함께할 때 동
반자로서 일할 경우, 그 일을 성취하는 데 서로 다른 기술이 사용될 수 있음을
깨닫는 것에 관한 것이다. 또한 그 일에서 동반자가 자기 몫을 하도록 하는 것
이지, 동반자가 하는 일을 방해하는 것이 아니다.

변형

- 게임리더가 이야기의 주제를 정한다. 예컨대 잘 알려진 동화.
- 두 명의 참가자가 자기들을 주인공으로 하여 이야기를 만든다.

생각해 볼 점

- 여러분의 동반자는 도움이 되었는가 혹은 문제를 만들었는가? 만일 동반
  자가 도움이 안 되었다면, 그 게임은 재미있었는가? 이 게임과 같이 이기
  고 지는 것이 없는 게임에서는 무엇이 재미있었는가?
- 어른과 함께 일하는데, 그 어른이 여러분의 기여를 인정하지 않는 상황이
  있는가?

관련게임

40 : **놀라운 양 손 펜**에서 제시된 관련게임 모두 ◆ 42 : **우리는 같은 생각을 하고
있어** ◆ 45 : **우연한 동반자**

45

우연한 동반자

준비물 : 펜, 쪽지, 뽑기용 상자

목표

- 동반자와 협력하는 것 배우기
- 고정관념을 인식하고 다시 생각하기
- 팀워크 내에서의 인내
- 동반자를 견디기
- 승리와 패배 사이의 균형 잡기

게임방식 : 참가자들이 이 게임의 내용이 무엇인지를 알기 전에, 게임리더는 참가자들에게 집단에서 참가자 자신과 잘 일할 수 있을 동반자를 상상하라고 요구한다. 각 참가자는 자신의 동반자로 누구를 생각하는지, 그 인품이나 자질, 특성 등이 자신과 어울려 일을 원활하게 할 사람에 대해 쪽지에 적는다. 참가자들은 이 쪽지를 나중의 논의를 위해 간직한다. 이제 참가자들을 반으로 나누어 집단 A와 집단 B로 한다. 집단 A의 참가자들에게는 연속 번호가 할당된다. 이와 마찬가지로 번호가 쓰인 쪽지들을 상자에 넣고 섞은 다음 집단 B의 참가자들이 상자 안의 번호표를 뽑는다. 이것이 우연한 동반자이다. 몇 가지 과제가 보드에 쓰여 있고, 거기서 한 과제를 골라 동반자와 함께 수행해야 한다. 이들은 조직화 시간을 갖고 좋은 팀워크를 갖추기 위해 논의하며 과제를 어떻게 해결할 것인가를 논의한다 : 누가 어떤 일을 맡을 것인가? 어떤 일은 함께 수행하고, 어떤 과제들은 나누어 맡을 것인가 등.

예

- 30개의 블록으로 최대한 높은 탑을 만든다.

- 다음의 수학문제 6개를 해결하되, 그 해결과정을 보인다.
- "여기서 볼 수 있는 모든 것 중 A로 시작하는 사물의 이름을 써라"와 같이 게임이 시작될 때 특정 범주의 단어를 찾아내도록 선언한다.

승자 결정하기 : 수학문제에서 답을 빠뜨렸거나 틀린 것은 감점한다. 참가자들은 탑 쌓기에서 한 층당 1점씩 받는다. 단어 영역에서는 단어당 3점씩, 올바른 계산에 대해서는 5점씩을 더해 준다. 탑 쌓기에서는 가장 높이 쌓인 탑에는 3점, 두 번째 높은 것에는 2점, 세 번째 것에는 1점을 추가로 더 준다.

생각해 볼 점
- 여러분은 자신이 원하던 동반자가 아니라서 실망했는가?
- 좋은 동반자에 대한 여러분의 생각을 얘기했을 때 동반자의 반응은 어땠는가?
- 여러분의 계획 논의는 어떻게 되었는가?
- 여러분의 동반자는 자기에게 주어진 과제를 열심히 했는가? 그 동반자와 함께 일하는 것은 어땠는가?
- 여러분의 동반자는 마지막 결과에 대해 어떻게 반응했는가? 그 반응은 여러분에게 어떤 영향을 주었는가?

변형 : 이제는 각 참가자가 자신이 선택한 동반자와 함께 게임을 할 수 있다. 새로운 수학문제와 새로운 범주－아마도 새로운 글자로 시작하는－가 제시될 것이다.

역할극
- 아니, 나는 네 옆에 앉기 싫어!
- 반장, 이 친구와는 함께 일 못하겠어!

관련게임
40 : **놀라운 양 손 펜**에서 제시된 관련게임 모두 ◆ 44 : **두 작가, 한 이야기**

우리 게임

집단 워밍업 게임

게임 46~51

협동 게임

게임 52~59

통합 게임

게임 60~66

관계 게임

게임 67~73

공격성 게임

게임 74~84

집단 워밍업 게임

구두점

준비물 : 서로 다른 구두점을 보여 주는 일련의 포스터

목표

- 워밍업하기
- 수줍음 극복하기
- 대화 시작하기

게임방식 : 참가자들은 부드러운 음악(녹음된 것 또는 집단리더가 연주하는 것)에 맞춰 교실을 둥글게 돈다. 돌연히 게임리더가 음악을 정지시키고, 구두점이 크게 쓰인 포스터를 위로 든다. 그러면 참가자들은 서로 그 구두점과 연관된 유형의 대화를 시작한다 : 만일 감탄부호이면 흥분하듯이, 의문부호이면 호기심 있게, 말줄임표 같은 생략부호이면 주저하듯이. 음악이 다시 시작되면, 참가자들은 다음 구두점이 올라올 때까지 대화를 중단한다.

예

감탄부호 ☐!☐

참가자들은 걸으면서 서로에게 외친다. 예를 들어 "야, 힐러리!", "이리 와, 함께 걷자!", "그렇게 빨리 걷지 마!", "그건 어리석어!"

의문부호 ☐?☐

참가자들은 서로에게 질문한다. 예컨대 "요즘 어때?", "이름이 뭐야?", "이 게임 좋아해?"

마침표 ·

참가자들은 서술하거나 선언한다. 예컨대 "나는 이 게임 좋아해.", "나는 지루해.", "좀 쉬어야겠어.", "너를 좋아해."

관련게임

47 : 이름 사슬　◆ 85∼90 : 동상과 조각하기 게임

*101가지 생활기술 게임*에 있는 관련게임

41∼44 : 집단 워밍업 게임　◆ 45∼51 : 협동 게임　◆ 52 : 일어나!

◆ 84∼92 : 동상과 조각하기 게임

이름 사슬

목표

- 워밍업하기
- 접촉 시작하기
- 이름 알아 가기

게임방식 : 참가자들은 두 집단으로 나뉜다. 집단 A는 추측집단이며 교실 밖으로 나간다. 집단 B는 한 줄로 서며 이름 줄이라 불리는데, 예컨대 데이비드, 바네사, 호세, 라티샤, 아마드, 메이, 에리카 등이다. 모두가 이름 사슬에서 자기 이름 뒤의 이름을 기억해야 한다. 이제 집단 B의 참가자들은 교실 내에서 이리저리 무작위로 어슬렁거린다.

　이제 추측집단이 다시 들어온다. 게임리더는 이들에게 집단 B의 각 참가자를 올바른 이름 순서로 찾아다녀야 한다고 설명한다(즉 처음에 형성된 이름 사슬의 순서). 추측집단의 참가자들에게는 이름 사슬의 첫 번째 이름만 힌트로 알려준다(이 게임의 경우 '데이비드'). 이것은 경쟁 게임이기 때문에 집단 A의 참가자들은 최대한 빨리 찾아내야 한다. 그들은 집단 B의 참가자들을 하나씩 쫓아가 귀에 대고 묻게 된다. "네가 데이비드냐?" 그러면 데이비드 외의 모든 사람은 "아니."라고 말한다. 오직 데이비드만이 "응, 내가 데이비드야, 이제 바네사를 찾아!"라고 말한다. 이렇게 이름 사슬의 전체를 통과해 끝의 에리카에 맨 먼저 도달한 참가자는 에리카에 의해 승자로 선언된다.

주의사항 : 많은 참가자들에게 이 게임은 처음에는 복잡해 보이지만, 게임이 시작되면 모두가 무엇을 해야 할지 알게 된다. 이 게임은 아주 재미있다. 이 게임이 많이 되풀이되지 않는 단 하나의 이유는, 이 게임이 참가자의 이름을 외우는 아주 우수한 게임이기 때문이다! 그러나 이미 각자의 이름을 알고 있는 경우에

는 변형 게임을 하면 된다.

변형 : 집단 B의 이름을 동물이름으로 바꾼다.

관련게임
46 : **구두점** ◆ 48 : **어두운 숲 속에서 길을 잃다**

집단 워밍업 게임

어두운 숲 속에서
길을 잃다

목표

- 워밍업하기
- 신체접촉에 편안해지기
- 신뢰하는 것 배우기
- 공포 줄이기

게임방식 : 전체를 두 집단으로 나눈다. 집단 A의 참가자들은 실내에서 양팔을 뻗고 서 있다. 이들은 나무숲이며, 서로 간에 2~3미터 정도의 틈새를 둔다. 집단 B의 참가자들은 눈을 감고 나뭇가지에 의지해 어두운 숲을 통해 길을 찾아야 한다.

주의사항 : 처음에는 모든 참가자가 눈을 꽉 감지 못할 것이다. 때로 살짝 볼 것이다. 일부 참가자들은 캄캄해지는 것을 두려워할 수 있다. 그래서 살짝 보는 것은 괜찮다. 만일 이들이 '맹인 게임'에 익숙해진다면, 그것은 문제가 안 될 것이다. '맹인 게임'은 눈을 감은 채 해야 더 재미있다.

역할극

- 한 집단의 사람들이 나오지 못하고 그곳에서 길을 잃는다. 그들은 어떻게 해야 할까? 계속 주위를 헤맬 것인가? 소수의 사람들이, 다수는 그 자리에 머물러 있게 하면서, 도움을 구하러 움직일 것인가?
- 아주 큰 낯선 집의 지하실에서 갑자기 불이 나간다.

관련게임

47 : 이름 사슬 ◆ 49 : 뿌리에 걸려 넘어지다 ◆ 59 : 우주 탐험 ◆ 60 : 손끝으로 보기

_101가지 생활기술 게임_에 있는 관련게임

41~44 : 집단 워밍업 게임 ◆ 55 : 나 여기 있어! ◆ 81 : 유령과 여행자
◆ 82 : 뱀파이어

49

뿌리에 걸려 넘어지다

목표

- 워밍업하기
- 신체접촉 시작하기
- 공포 줄이기
- 신뢰 발전시키기
- 배려하기

게임방식 : 전체를 두 집단으로 나눈다. 집단 A의 참가자들은 배를 바닥에 닿게 엎드린 다음 팔과 다리를 쫙 펴서 옆 사람과 손과 발이 닿게 한다. 이런 식으로 하여 바닥에 망을 만든다(아래 그림 참조). 집단 B의 참가자들은 눈을 감고 이 '숲'을 통과해야 하는데, 뿌리 부분을 밟거나 뿌리에 걸려 넘어지면 안 된다.

주의사항 : 48번 게임(**어두운 숲 속에서 길을 잃다**)에서처럼, 일부 참가자들이 장애물을 극복하기 위해 살짝 볼 것이다. 또한 바닥에 엎드려 있는 참가자들은 눈을 감은 채, 아무도 자신들을 다치게 하지 않을 거란 믿음을 가질 수 있을 것이다.

변형 : 전체를 세 집단으로 나누어 집단 C의 참가자들은 집단 B의 '눈먼' 참가자들을 인도한다. 집단 A는 그대로 바닥에 엎드린다.

관련게임

48 : **어두운 숲 속에서 길을 잃다**와 이 게임에서 제시된 관련게임 모두

◆ 50 : **수풀을 통과해서**

집단 워밍업 게임

수풀을 통과해서

목표

- 워밍업하기
- 신뢰 발전시키기
- 공포 줄이기

게임방식 : 전체를 두 집단으로 나눈다. 집단 A의 참가자들은 팔과 다리를 쫙 펴서 수풀을 만드는 방식으로 선다. 옆 사람과 손을 잡을 수도 있다. 일부는 무릎을 꿇고 일부는 웅크리고 일부는 똑바로 선다. 이런 식으로 하여 나뭇가지, 줄기, 잎, 그들 사이의 공간 등을 만들면, 집단 B의 참가자들은 첫 번째는 낮에(눈을 뜨고), 다음에는 밤에(눈을 감고) 이 수풀을 탐험한다.

변형

- 탐험자들은 짝을 지어서 가야 하며, 숲을 통과하는 동안에는 각자 따로 가지 못한다.
- 탐험자들은 얽힌 잔가지들을 자를 수 있다(집단 A의 맞잡은 손을 푼다). 그러나 그 공간은 곧바로 다시 복구된다.

관련게임

48 : **어두운 숲 속에서 길을 잃다**에서 제시된 관련게임 모두

◆ 49 : **뿌리에 걸려 넘어지다** ◆ 51 : **구피 게임**

집단 워밍업 게임

구피 게임

목표

- 워밍업하기
- 공포 줄이기
- 신뢰 발전시키기
- 집단의식 만들기

게임방식 : 전체 참가자들은 게임을 통틀어 '맹인'(눈을 감고)으로 돌아다닌다. 게임리더는 남몰래 한 참가자를 '구피'로 지정한다. 모든 참가자는 '구피'를 찾아야 한다. 참가자들은 만나는 참가자 모두에게 "네가 '구피'냐?"고 묻는다. 다른 참가자들도 마찬가지다. 실제로 '구피'를 찾은 사람은 그에게서 아무런 대답을 듣지 못한다. 그게 바로 '구피'인 것이다. 그러면 '구피'를 찾은 사람도 '구피'의 손을 잡고 '구피'가 된다. 만일 누가 그에게 '구피'냐고 물으면, 그 역시 아무 대답을 하지 않는다. 그렇게 되면 또 하나의 '구피'가 생긴 것이다. 이런 식으로 교실 안을 움직이는 긴 '구피'줄이 생긴다. 결국 모든 참가자가 '구피'가 된다.

주의사항 : 모든 참가자가 게임리더가 주는 지시를 즉각적으로 이해하지는 못한다. 때로는 이 게임을 위한 연습게임이 필요하다.

관련게임

48 : **어두운 숲 속에서 길을 잃다**에서 제시된 관련게임 모두 ◆ 50 : **수풀을 통과해서**

사람 수
무관

협동 게임

원 안으로 들어와

목표

- 집단에 통합되기
- 집단의식 향상하기
- 시지각 강화하기

게임방식 : 참가자들은 둥그렇게 원을 만들고, 그 가운데에 한 참가자가 있다. 그 참가자는 다른 참가자를 부르면서 그와 자기의 공통점(신체적 특징 같은)을 말한다. 그러면 두 번째 참가자는 가운데 원 안으로 합류한다. 그런 다음 두 번째 참가자는 자기와 어떤 공통점을 가졌다고 느껴지는 세 번째 참가자를 호명한다. 호명할 때는 공통점을 큰 소리로 외쳐야 한다. 게임은 모든 참가자가 원 안에 들어올 때까지 계속한다.

예

마이크는 "브리아나, 원 안으로 들어와, 너와 난 긴 머리카락을 가졌잖아!"라고 말한다.
브리아나는 "라일리, 원 안으로 들어와, 너와 난 키가 크잖아!" 라고 말한다.
라일리는 "루카, 원 안으로 들어와, 너와 나 둘 다 진바지를 입었잖아!"라고 말한다.

관련게임

40~45 : **너와 함께 작업하기** ◆ 46~51 : **집단 워밍업 게임** ◆ 53 : **너는 나랑 같니?**

◆ 67〜73 : 관계 게임

101가지 *생활기술 게임*에 있는 관련게임

20〜26 : 너를 알아 가기 ◆ 33〜40 : 너와 함께 작업하기 ◆ 41〜44 : 집단 워밍업 게임

◆ 45〜51 : 협동 게임 ◆ 53 : 집단 만들기 게임 ◆ 57〜70 : 돕기 게임

협동 게임

너는 나랑 같니?

준비물 : 펜과 종이

목표
- 집단에 통합되기
- 집단의식 향상하기
- 자기평가 훈련하기

게임방식 : 각 참가자는 자기가 갖고 있다고 생각하는 5~10개 자질을 종이에 적는다. 게임리더는 형용사 목록을 보드에 적어 참가자들을 도와줄 수 있다.

각 참가자는 자신의 목록과 다른 참가자들의 목록을 비교한다. 자신이 가진 대부분의 특성을 누구와 공통으로 갖고 있는지 적는다. 게임의 끝에 가서는 공통점이 많은 사람끼리 같이 모인다.

예 : 열심인, 게으른, 빠른, 슬픈, 재미있는, 믿을 만한, 믿을 수 없는, 불같은, 조용한, 관대한, 성급한, 잘 견디는, 친절한, 까다로운, 피곤한, 논쟁적인, 융통성 있는, 정확한.

변형 : 한 참가자가 가운데로 나가서 천천히 자신의 자질들을 큰 소리로 읽는다. 다른 한 참가자가 자신의 목록에 있는 단어를 들으면, 되도록 빨리 첫 번 참가자의 손을 잡으면서 자신의 자질을 읽는다. 이와 같이, 공통적인 자질을 발견한 사람은 그걸 읽은 참가자의 손을 가장 먼저 잡아야 한다. 이런 식으로 하면 그 사슬이 점점 더 길어진다.

생각해 볼 점

- 여러분과 많은 자질을 공통으로 갖고 있는 참가자들은 역시 여러분의 친구들인가? 친구는 여러분과 같은 자질을 갖고 있을 필요가 있는가? 여러분은 여러분과는 다른 누군가와 친구가 될 수 있는가?
- 유사한 자질을 갖고 있는 것이 왜 유리할까? 여러분의 집단에서 다른 참가자들이 여러분의 목록에 있는 자질을 보고 놀랐는가?

관련게임

13~21 : 나는 어떤 사람인가 ◆ 28 : 두 가지 면접 ◆ 35~39 : 너를 받아들이기

◆ 46~51 : 집단 워밍업 게임 ◆ 52 : 원 안으로 들어와 ◆ 54 : 우리는 닮았어

◆ 85~90 : 동상과 조각하기 게임

***101가지 생활기술 게임*에 있는 관련게임**

27~32 : 너를 이해하기 ◆ 45~51 : 협동 게임 ◆ 53 : 집단 만들기 게임

◆ 94 : 동화 인물

54

4명 집단

협동 게임

우리는 닮았어

준비물 : 각 집단용 펜과 종이

목표

- 집단에 통합되기
- 집단의식 증가시키기
- 협동하기 배우기

게임방식 : 네 명의 참가자로 구성된 집단이 자기 집단에 적용될 사실들을 가능한 한 많이 수집한다.

예 : 파란 눈, 같은 연령, 같은 학년 또는 같은 반, 모두 형제나 자매가 있음, 모두 운동을 좋아함, 모두 바트 심슨을 좋아함, 모두 프렌치프라이를 좋아함, 아무도 숙제를 좋아하지 않음, 모두 신발 사이즈가 5 미만임.

끝에 가서 각 집단은 집단의 이름을 선택하고 집단의 표지나 완장을 만든다. 그런 후에 각 집단은 전체 집단 앞에서 자기 집단을 소개하거나 설명한다.

변형

- 각 집단은 집단 내 참가자들을 즐겁게 해 주는 방학 프로그램을 설계한다.
- 각 집단은 자기 집단을 위해 특정한 차나 집을 사는 데 동의한다.
- 각 집단은 집단 내 참가자들 모두가 직업을 갖도록 회사를 창업한다.

생각해 볼 점

- 여러분은 이전에는 몰랐던 집단 내 구성원들에 관한 사항을 알았는가?
- 그 집단은 어떻게 형성되었는가?
- 집단 내의 어느 누군가가 집단을 통제했는가?

- 누가 전면에 나서지 않았는가?
- 집단 내에서 여러분의 역할은 무엇이었는가?

주의사항 : 이 게임은 또한 워밍업으로도 적합하다. 끝에 가서 제시되는 놀랄 만한 창의적인 아이디어에 의해 보통 모두 놀란다.

역할극 : 작은 집단의 구성원들이 특수한 학교의 입학사정위원 역할을 한다(이 학교는 어떤 특정한 기준을 충족시키는 학생들을 뽑아 학생들 간의 갈등을 감소시키려고 한다).

관련게임
53 : **너는 나랑 같니?**와 이 게임에서 제시된 관련게임 모두 ◆ 55 : **생일 선물**

55

생일 선물

준비물 : 색연필 또는 마커와 종이. 각 집단의 아이디어에 따라 추가 재료 필요.

목표
- 협동하기 배우기
- 집단에 통합되기
- 관계 강화하기

게임방식 : 누구의 생일인가? 네 명으로 구성된 집단에서 참가자들은 30분 동안 특별한 날을 맞이한 사람에게 줄 선물을 생각한다. 그들이 선물을 결정하는 동안 생일을 맞이한 참가자는 교실 밖에서 조용한 활동－그림 그리기 또는 독서 －을 한다. 그 참가자가 들어오면, 각 집단의 대표가 그 집단의 선물을 준다.

예
- 시(詩)
- 칭찬의 말
- 그 집단이 그린 그림
- 생일 축하 노래
- 집단 내 모두가 생일 맞은 친구가 좋아하는 게임 하기
- 생일 이야기를 큰 소리로 읽어 주기

생각해 볼 점
- 여러분은 그 선물이 생일 맞은 친구를 기쁘게 해 줄 거라는 걸 어떻게 알았는가?
- 생일 맞은 친구는 왜 기뻐했는가?

관련게임

54 : 우리는 닮았어 ◆ 56 : 교실 설계하기 ◆ 67~73 : 관계 게임 ◆ 88 : 가족 동상

◆ 91~92 : 모의 게임

*101가지 생활기술 게임*에 있는 관련게임

3 : 소원카드 ◆ 45~51 : 협동 게임 ◆ 57~70 : 돕기 게임 ◆ 88 : 마네킹

4명 집단

협동 게임

교실 설계하기

준비물 : 색인 카드 또는 2×4인치 쪽지, 펜, 책상

목표

- 협동하기 배우기
- 민주적 행동 배우기
- 개인 목표를 집단 목표에 통합하기

게임방식 : 네 명으로 구성된 집단을 만든다. 각 집단은 그 안에서 비서 한 명을 뽑는다. 비서들은 20장의 색인 카드 또는 2×4인치 쪽지를 가져온다. 이제 모든 집단은 '학교'라는 주제에 대해 브레인스토밍하고 그 주제에 맞는 용어들을 적는다. 예를 들면, 공책, 보고 카드, 종이 쓰레기통, 근면, 흥미, 교사, 학생, 공부, 부정행위, 가벼운 식사, 교장, 휴식 등. 각 집단의 비서들은 각 용어를 준비한 색인 카드에 하나씩 적는다. 참가자들이 제시하는 것들은 비서들이 종이에 적을 수 있도록 너무 빠르게 말하면 안 된다.

　20개의 용어가 모아지면, 각 소집단은 책상을 배치도로 삼아 자기 교실을 꾸미기 시작한다. 가구들(테이블, 책상자, 파티션, 칠판)은 그 용어가 쓰인 카드이다. 이것들이 배치도 위에 배열된다. 집단에서 원치 않는 용어가 쓰인 카드는 쓰레기통으로 버려진다. 가구를 배열할 때는 흥미로운 선택이 이루어진다. 즉 용어로 만든 배열을 그대로 배치도에 반영할 것이냐, 어떤 카드를 중앙 가까이 놓을 것이냐, 어떤 카드를 중앙에서 가장 멀리 놓을 것이냐, 어떤 카드를 구석에 놓을 것이냐 등. 책상들을 줄을 맞춰 놓느냐, U자형으로 배열하느냐, 집단으로 묶느냐, 그냥 여기저기 늘어놓느냐 등. 가구를 독특하게 배열하는 것 또한 가능하다.

　15~30분 정도의 가구 배치 끝에, 개별 집단들은 서로 자기 교실을 보여 준

다. 그리고 왜 그렇게 배열했는지, 왜 여러 가지 가구들을 서로 이웃하게 놓았는지 등등에 대해 설명한다.

생각해 볼 점

- 여러분 집단에서는 강력한 의견차이가 있었는가? 모두가 동의한 무엇이 있었는가?
- 여러분 교실에서 다르게 배열될 만한 것은 있었는가?
- 여러분의 아이디어는 충분히 심사숙고해서 받아들여졌는가?
- 왜 일부 아이디어들은 실행되지 못했는가?

관련게임

33 : **좋아하는 장소** ◆ 40~45 : **너와 함께 작업하기** ◆ 55 : **생일 선물**

◆ 57 : **아파트 설계하기** ◆ 58 : **도시 설계하기** ◆ 59 : **우주 탐험**

◆91~92 : **모의 게임**

*101가지 생활기술 게임*에 있는 **관련게임**

8 : **방 관찰하기** ◆ 45~51 : **협동 게임** ◆ 90 : **학급사진**

57

아파트 설계하기

준비물 : 색인 카드 또는 2×4인치 쪽지, 펜, 책상

목표

- 협동하기 배우기
- 민주적 행동 배우기
- 개인 목표를 집단 목표에 통합하기

게임방식 : 이 게임은 56번 게임(**교실 설계하기**)과 비슷하다. 모든 집단은 '집'이라는 주제에 대해 브레인스토밍하고 그 주제에 맞는 용어들을 적는다. 예를 들면, 개, 냉장고, 화분 식물, 침대, 형제, TV, 과자 상자, 아빠, 전화, 식기실, 스테레오, 엄마 등. 각 집단의 비서들은 준비한 색인 카드에 각 용어를 하나씩 적는다. 참가자들이 제시하는 것들은 비서들이 종이에 적을 수 있도록 너무 빠르게 말하면 안 된다.

20개의 용어가 모아지면, 각 소집단은 책상을 배치도로 삼아 자기 아파트를 꾸미기 시작한다. 아파트의 방들은 불투명 테이프의 줄로 에워싸는데, 이 줄은 벽을 의미한다. 가구들(침대, 테이블)은 그 용어가 쓰인 카드이다. 이것들이 배치도 위에 배열된다. 집단에서 원치 않는 용어가 쓰인 카드는 쓰레기통으로 버려진다. 가구를 배열할 때 중요한 것은 같은 방 안에 있더라도 어떤 것들은 집단으로 묶고, 어떤 것들은 따로 놓을 것이냐이다.

15~30분 정도의 가구 배치를 끝낸 후, 개별 집단들은 서로 자기 아파트를 보여 준다. 그리고 왜 그렇게 배열했는지, 왜 여러 가구들을 집단으로 묶어서 놓았는지 등에 대해 설명한다. 그들은 또한 자기들이 하고 싶은 집들이에 대해 이야기한다.

생각해 볼 점과 관련게임

56번 게임(**교실 설계하기**)의 모든 생각해 볼 점과 관련게임들 참조.

58

도시 설계하기

준비물 : 색인 카드 또는 2×4인치 쪽지, 펜, 책상

목표

- 협동하기 배우기
- 민주적 행동 배우기
- 개인 목표를 집단 목표에 통합하기

게임방식 : 이 게임은 56번 게임(**교실 설계하기**) 및 57번 게임(**아파트 설계하기**)과 비슷하다. 모든 집단은 '도시'라는 주제에 대해 브레인스토밍하고 그 주제에 맞는 용어들을 적는다. 예를 들면, 공원, 소방서, 신문사, 볼링장, 평화로운, 학교, 하드웨어 가게, 교통량, 쇼핑몰, 스케이트장, 비디오 가게, 영화관 등등. 각 집단의 비서들은 각 용어를 하나씩 따로 카드에 써넣는다.

20개 용어가 모아지면, 각 소집단은 책상을 배치도로 삼아 자기 도시를 꾸미기 시작한다. 빌딩이나 공공기관(소방서, 쇼핑몰)은 그 용어가 쓰인 카드이다. 이것들이 배치도 위에 배열된다. 집단에서 원치 않는 용어가 쓰인 카드는 쓰레기통에 버려진다. 도시를 설계할 때는, 어떤 용어 집단(빌딩)을 함께 배열해야 하는지, 어떤 카드를 중앙 가까이에 놓을 것인지, 어떤 카드를 중앙에서 가장 멀리 놓을 것인지, 어떤 카드를 구석에 놓을 것인지 등을 고려하는 것이 중요하다. 독특하게 배열하는 것 또한 가능하다.

15~30분 정도의 도시 설계 시간이 지난 후, 개별 집단들은 서로 자기들 도시를 보여 준다. 그리고 특별히 왜 그렇게 배열했는지, 왜 이 빌딩을 저 빌딩에 서로 이웃하게 놓았는지, 왜 어떤 것들은 버렸는지 등등에 대해 설명한다.

생각해 볼 점과 관련게임

56번 게임(**교실 설계하기**)의 모든 생각해 볼 점과 관련게임들 참조.

우주 탐험

준비물 : 의자 또는 벤치

목표

- 집단에 통합하기
- 위치 결정하기
- 아이디어에 사람을 편입하기
- 협동 발전시키기

게임방식 : 참가자들은 6~8명으로 구성된 집단을 만든다. 각 집단은 1년 동안 먼 행성까지 날아가기 위한 우주선 안의 자리를 배치한다. 필요한 직급은 다음과 같다 : 선장, 조종사, 부조종사, 엔지니어, 요리사, 통신사, 역사가 등등.

일단 모든 위치가 정해진 후에, 그 집단은 논의에 의해 해결되어야 할 몇 가지 문제점들을 갖고 있다.

1. 외계 우주선이 공격해 오고 있다. 능란하고 용감한 응급팀만이 우주선이 파괴되는 걸 막을 수 있다.
2. 몇 개의 엔진이 꺼졌다. 일부 승무원들이 보조우주선으로 옮겨 타야 한다. 살아남을 확률이 낮다.
3. 선장은 알 수 없는 정신병에 걸려 모든 승무원이 위험해지는 방식으로 행동한다.
4. 잘 모르는 행성이 눈에 띈다. 그 행성에 대해 아무도 모른다. 그들은 양식이 필요하다. 착륙해야 하는가?
5. 엄청난 자기장을 가진 외계 우주선이 우리 우주선을 자기 통제하에 두었다. 그들이 메시지를 보내왔다. 승무원 한 명을 넘겨라, 나머지는 풀어 주

겠다! 어떻게 할 것인가?

각 집단은 역할극을 통해 또 하나의 문제를 자발적으로 풀어야 한다. 문제는 앞서의 문제와 유사하다.

1. 우주선이 UFO의 촉수에 잡혔다. 그 촉수에서 분리되기 위해서는 일부 승무원들이 우주선을 떠나야 한다. 이 용감한 사람들은 살아남지 못할 것이다.

2. 알려지지 않은 이유 때문에 우주선 안의 식품은 못 먹게 되었다. 이제 식량이 부족하게 될 것이기 때문에 승무원 일부는 알려지지 않은 행성에 내려야 하며, 우주선이 식량을 확보해 돌아올 때 태워 주기로 한다.

3. 우주선이 얼마 동안이나 기술적으로 작동될지는 불분명하다. 외계 우주선에서는 자기네 우주선으로 옮기라고 제안한다.

4. 우주 전파 소통체계는 우주 식량의 90%가 오염되었다고 방송한다. 즉각적으로 치명적 효과를 내는 바이러스가 우리 우주선을 공격했는가? 모든 승무원이 굶어 죽어야 하는가? 만일 한 명이 식품을 시험해 본다면, 그런지 안 그런지를 알게 된다.

생각해 볼 점

- 그 결과에 대해 누가 행복한가 또는 불행한가?
- 만일 여러분이 이 게임을 다시 한다면, 누가 다른 역할을 맡기를 좋아할까?

- 능동적이면서 동시에 주의 깊은 집단 구성원들은 성찰적인 대화에 참여
한다.

관련게임

20 : 성격의 조각 ◆ 40~45 : 너와 함께 작업하기 ◆ 56 : 교실 설계하기

◆ 67~73 : 관계 게임 ◆ 91~92 : 모의 게임 ◆ 93~101 : 사회적 역할극 게임

***101가지 생활기술 게임*에 있는 관련게임**

33~40 : 너와 함께 작업하기 ◆ 45~51 : 협동 게임 ◆ 69 : 나르기 콘테스트

60

손끝으로 보기

준비물 : 서로 관련된 네 쌍의 사물

목표

- 새로운 구성원을 집단에 통합하기
- 촉지각 훈련하기
- 장애 이해하기

게임방식 : 이 게임은 새로운 학생을 소개하고 그를 통합하는 데 아주 적합하지만, 새로운 학생이 없어도 가능하다. 새로 온 학생은 눈가리개를 하고 있고, 다른 학생들은 관련된 사물 네 쌍을 골라 깔개 위에 흐트러뜨린다. 새로 온 참가자는 그것들이 무엇인지를 손으로 만져 봄으로써 알아내려 한다. 그것들을 짝으로 묶고, 이름을 말하고, 그것들의 집합적 용어를 추측한다.

예 : 각 두 개의 연필, 지우개, 연필깎이, 볼펜(이 경우, 집합적 용어는 '학용품'이다.)

변형

- 서로 다른 질감(거친, 부드러운, 사포 같은)을 가진 물건들
- 한 짝의 나무에 새겨진 글씨
- 나무에 새겨진 글씨 집단(직선 집단, 곡선 집단, 혼합 집단)
- 사물을 두 개 무더기로 나누어라 : 학용품 대 장난감.
- 나무 지팡이, 돌, 단추를 크기와 무게에 따라 분류하라.
- "무엇이 사라졌지?" 한 참가자가 사물을 치운다. 눈을 가린 참가자는 손으로 만져 봄으로써 무엇이 사라졌는지를 알아낸다.

생각해 볼 점 : 이 게임에서는 시각 손상을 입은 사람이 더 잘할까? 만일 그렇다면 볼 수 있다는 것이 약점이 된다!

관련게임

48 : 어두운 숲 속에서 길을 잃다　◆　61 : 맹인과 영화

*101가지 생활기술 게임*에 있는 관련게임

27~32 : 너를 이해하기　◆　34 : 손잡기　◆　45~51 : 협동 게임　◆　57~70 : 돕기 게임

61

맹인과 영화

준비물 : 영화와 그것을 보여 주는 방식, 눈가리개(전체 집단의 반수 정도)

목표

- 장애가 어떤 것인지 경험하기
- 돕기
- 청지각 훈련하기

게임방식 : 이 게임의 기본은 짧은 영화다(10~20분). 한 집단의 참가자들은 눈을 가린 채 영화를 들으며, 다른 집단은 평소처럼 영화를 본다. 두 명의 참가자는 밖에서 기다린다.

영화가 끝난 후, 눈가리개를 했던 참가자들은 그걸 벗는다. 밖에 있던 두 명의 참가자가 들어오면, 눈가리개를 했던 집단은 그들에게 영화에 대해 얘기해 준다. 눈가리개를 하지 않았던 집단은 눈가리개 집단이 놓친 정보를 제공해 준다.

생각해 볼 점

- 듣고 보는 경험과 듣기만 하는 경험 간에는 무슨 차이가 있을까?
- 시각적으로 손상된 사람이 경험한 것을 말해 줄 때는 어떤 한계가 있을까?
- 다른 사람이 말해 주지 않으면 환경 속에서 맹인이 알지 못할 것은 어떤 것들이 있을까?

관련게임

31 : 소문 공장 ◆ 49 : **뿌리에 걸려 넘어지다** ◆ 60 : **손끝으로 보기**
◆ 62 : **일상생활에서의 맹인 역할**

*101가지 생활기술 게임*에 있는 관련게임

6~7 : **내가 할 수 있는 것** ◆ 8~19 : **내가 관찰한 것** ◆ 27~32 : **너를 이해하기**
◆ 34 : **손잡기** ◆ 45~51 : **협동 게임** ◆ 57~70 : **돕기 게임**

62

일상생활에서의 맹인 역할

준비물 : 의자와 테이블, 여러 가정용 도구, 물병, 빵이나 크래커

목표

- 장애가 어떤 것인지 경험하기
- 촉지각 훈련하기
- 돕기

게임방식 : 집단을 짝을 지어 나눈다. 각 짝에는 '맹인' 역할을 하는 사람과 그를 말로 돕는 '해설자'가 있다. 각 해설자는 하루의 일과가 적힌 종이를 갖고 있다. 해설자는 '맹인'(그 활동을 흉내 낼)에게 일과를 문장 단위로 읽어 준다. 해설자는 자신의 짝인 '맹인'이 다치지 않게 해야 한다.

예 : 일과 – 맥스(몰리)는 맹인(또는 약시)인데, 침대에 누워 있다(테이블, 의자, 벤치 등을 모아 놓는다). 그는 이리저리 몸을 뒤척인다. 알람이 울린다. 맥스는 일어나 침대에서 기어 내려오면서 슬리퍼를 찾는다. 그는 욕실 문을 찾아 연후 세면대를 찾는다. 세수를 하고 말린 후 그는 침실로 돌아온다.

바지와 셔츠를 입고 모든 단추를 채운 후, 그는 구두를 신는다. 구두끈은 실족하지 않도록 꽉 매여 있어야 한다. 옆방 어딘가의 코트걸이에 맥스의 모자와 우산이 있다. 이제 맥스는 아래층으로 걸어 내려간다. 그는 창문을 열고 오늘의 날씨가 어떨지를 가늠한다. 그는 산보할 기분이 아니라서 자기 방으로 돌아간다.

식당에는 국그릇, 접시, 은그릇, 커피컵, 물병 등이 있다. 이제 맥스는 국자로 수프(실제로는 물)를 수프 주전자에서 수프 접시로 퍼 옮긴다. 그것을 먹은 후, 그는 프라이팬에서 고기(실제로는 빵이나 크래커)를 집어 접시에 옮겨 놓고 포크와 칼로 그것을 먹는다. 다음에는 물병에서 컵에 따른 '주스'를 마신다. 식사를 끝낸 후, 맥스는 접시들을 싱크대로 옮겨 설거지를 한다. 그런 다음 그는 모든 것을 원래대로 해 놓는다. 그는 장난감 장에 가서 잠시 논다(장난감 장에는 실제 장난감들을 모아 놓는다). 그런 다음 오후 낮잠을 자기 전에 점자 메모를 읽는다(점자 종이에는 손으로 읽을 수 있도록 도드라진 글자로 "맥스, 오늘 잘 했어요."라고 쓰여 있다).

주의사항 : 이 게임은 모든 참가자가 동시에 할 수 없다. 이 게임은 참가자들이 그 주일의 서로 다른 시간대에 자기 파트너와 약속을 정해서 할 수 있는 특별한 과제이다. 그렇게 해서 주말이나 월말에, 여러 참가자 짝들이 자기들의 경험을 전체 집단에게 보고한다. 맹인 역할을 하는 참가자는 지치거나 힘들면 언제든 게임을 끝낼 수 있다.

생각해 볼 점
- 특히 무엇이 가장 힘들었는가?
- 왜 그 게임을 중간에 그만두었는가?
- 맹인 역할 중에 살짝 눈 뜨고 보았는가?
- 볼 수 없는 상황에서 놀고, 먹고, 옷을 입고, 계단을 오르는 것이 어땠는가?
- 여러분은 아무 도움 없이 맹인 역할을 할 수 있었는가?
- 여러분은 맹인 역할을 어떻게 할 수 있었는가?

관련게임
61 : 맹인과 영화 ◆ 63 : 맹인 집단

통합 게임

맹인 집단

목표

- 장애가 어떤 것인지 경험하기
- 청지각 훈련하기

게임방식 : 게임리더는 다섯 명의 참가자들을 교실의 서로 다른 위치에 배치시킨다. 눈을 감고 바닥에 앉은 채 그들은 서로의 이름을 차례로 부르고, 이름이 불리면 "나 여기 있어!"라고 말한다. 이런 방식으로 각 참가자는 다른 참가자들이 대략 어디쯤에 앉아 있는지를 알게 된다. '맹인' 참가자들 중 게임리더가 택한 한 명은 일어서서 조심스럽게 다음 참가자에게로 가서 그를 잡고 이름을 말한다. 만일 이름이 맞으면, 그 참가자는 첫 번 참가자와 악수를 하고 함께 다음 참가자를 찾아나선다. 게임은 모든 참가자가 한 줄이 될 때까지 계속한다. 만일 한 참가자가 틀린 이름을 말하면, 그는 또 하나의 첫 번 맹인 참가자를 찾아야 한다. 함께 걸어가는 맹인 참가자들은 바닥에 앉아 있는 누군가가 맞을지에 대해 서로 논의할 수 있지만, 바닥에 앉아 있는 참가자들은 침묵해야 한다.

변형 : 이름들을 모두 부른 후, 보조자들은 모든 맹인 참가자를 교실의 한쪽으로 안내한 후 거기서 눈을 뜨게 한다. 그중 한 명이 맹인 참가자들을 원래 있었다고 생각되는 위치로 보낸다.

역할극

- 네 명의 맹인 참가자들이 관리감독과 함께 그리고 관리감독 없이 게임한다(볼 게임, 보드 게임, 블록 쌓기 게임).
- 네 명의 맹인 참가자와 두 명의 정상 눈 참가자들이 게임한다.
- 두 명의 맹인 참가자와 두 명의 정상 눈 참가자들이 게임한다.

- 그날 우리 맹인 학급은 외부인에게 조롱당했다.
- 나는 내 친구에게 새로운 맹인 학급에 관해 이야기하는 중이다.

관련게임

61 : **맹인과 영화**에서 제시된 관련게임 모두 ◆ 62 : **일상생활에서의 맹인 역할**

◆ 64 : **맹인 연합**

64

통합 게임

맹인 연합

목표

- 통합하기
- 보호하기
- 돕기
- 협동하기
- 신뢰 발전시키기

게임방식 : 자원자는 다른 참가자들로 이루어진 둥그런 원의 중앙에 선다. 자원자는 '맹목적으로' 어느 한 방향으로 걷는다. 자원자가 참가자 앞 50센티미터 이내로 들어오면, 참가자는 "(이름), 조심해!"라고 외쳐 서로 부딪히는 것을 방지한다. 그러면 맹인 자원자는 방향을 바꿔 다음 참가자가 경고할 때까지 계속 걷는다.

변형

- 맹인 참가자가 다른 참가자들이 만든 원에 부딪힐 위험에 처할 때 맹인 참가자의 뒤에서 말로 경고해 준다.
- 맹인 참가자는 다른 참가자들이 만든 두 개의 줄 가운데로 걸어간다. 두 줄 사이의 폭은 약 2미터 정도이며 돌아가는 길도 있다.
- 다른 참가자들은 교실 내의 여기저기를 다니도록 하는 길을 만든다. 그들은 맹인 참가자의 이름을 속삭여서 만들어진 길을 따라 인도한다.

팁

- 모든 아동이 맹인 역할을 좋아하는 것은 아니다.
- 모든 아동이, 다른 아동들이 눈을 뜨고 있는 동안 '맹인'으로서 가운데에

서 있는 역할을 하는 것을 좋아하지는 않는다.

생각해 볼 점

- 여러분은 다른 사람을 만지는 것을 두려워하는가?
- 맹인으로서 여러분의 이름을 들을 때 어땠는가?
- 맹인으로서 방향을 잘 찾을 수 있었는가?

역할극

- 맹인 학생이 학급에 합류한다. 오늘 그는 처음으로 학급에 온다. 다른 학생들은 그 맹인 급우에게 장난을 친다.
- 그날 아침에 어머니가 날 깨웠고, 나는 더 이상 아무것도 볼 수 없었다.
- 심각한 사고로 6개월 동안 병원에 입원한 후 집에 돌아왔다. 현관 벨소리가 울려 문을 여니 내 옛 친구들이 나를 데리고 다시 처음부터 놀기 위해 몰려왔다.

관련게임

63 : **맹인 집단** ◆ 65 : **난청**

통합 게임

난청

준비물 : 귀마개와 큰 수건(참가자 모두)

목표

- 장애 경험하기
- 돕기
- 협동하기
- 신뢰 발전시키기
- 비언어적 의사소통 하기

게임방식 : 참가자들은 귀에 귀마개를 하고 큰 수건으로 머리를 묶는다. 그렇게 한 채로 그들은 여러 게임과 활동을 하면서 귀먹는 것이 어떤 건지를 경험한다. 몇몇 의사소통 가능성들로는 다음이 있다.

- 팬터마임
- 신호 언어와 손가락 글자
- 문자 의사소통

주의사항 : 사회적으로, 때때로 청각 장애인(귀머거리)은 시각 장애인(맹인)보다 훨씬 더 고립된다. 일반인들이 그들(청각 장애인)과 의사소통하는 것보다는 그들이 일반인들과 의사소통하는 것이 더 쉬운데, 거기에 그들의 아픔이 있다. 난청인 사람들이 아무리 애써도, 일반인들은 흔히 잘못 이해하거나 참지를 못한다. 이런 고립을 이해하고 난청인 사람들과의 의사소통에서 인내하는 것이 정상 아동들이 이 영역에서 연습하고 게임하는 주요 목적이다.

관련게임

64 : **맹인 연합** ◆ 66 : **사지 장애**

*101가지 생활기술 게임*에 있는 관련게임

8~19 : **내가 관찰한 것** ◆ 78 : **평화의 말** ◆ 97~101 : **팬터마임 극**

사지 장애

준비물 : 풍선

목표

- 장애 경험하기
- 돕기
- 장애를 다루는 것 배우기

게임방식 : 다음 30분 동안 6~8명의 참가자들은 그들의 무릎 사이에 풍선을 고정한다. 학급의 활동은 평소처럼 진행한다. 그런 후 '장애인 역할' 집단과 '정상인 역할' 집단은 그 게임이 자신들에게 어땠는지를 보고한다.

변형 : 참가자들의 1/4은 검지, 중지, 약지 손가락을 함께 묶는다. 이들은 '정상인 역할' 집단과 함께 손가락을 사용할 필요가 있는 게임을 진행한다.

관련게임

1~10 : 내가 느끼는 것 ◆ 40~45 : 너와 함께 작업하기 ◆ 49 : 뿌리에 걸려 넘어지다
◆ 64 : 맹인 연합 ◆ 65 : 난청

*101가지 생활기술 게임*에 있는 관련게임

31 : 네가 나를 움직여 ◆ 33~40 : 너와 함께 작업하기 ◆ 45~51 : 협동 게임

집단망

목표

- 집단 내에서의 연결과 관계 탐색하기
- 공통점 인식하기
- 집단에 통합하기
- 집단의식 강화하기
- 애정을 보여 주기

게임방식 : 집단이 둥그렇게 모여 앉는다. 한 참가자가 그 중앙으로 간다. 또 한 명의 참가자가 첫 번째 참가자의 어깨에 손을 얹고 그와 자기와의 연결점이 무엇인지 말하면서 합류한다. 그런 식으로 세 번째, 네 번째 참가자가 합류하며 끝으로 모든 참가자가 '집단망'에 들어간다. 일부 참가자들은 여러 명의 참가자들과 연결되어 있는데, 그럴 경우 자신의 손을 가능한 한 많은 어깨 위에 얹으면서 언어적으로나 시각적으로 이를 표현한다.

예

첫 번째 참가자 : "내 이름은 사라야."

두 번째 참가자(마이클) : "나는 사라와 같은 동네에 살아."

세 번째 참가자(사만다) : "휴식 시간에 나는 사라와 술래잡기를 했어."(사라 옆에 선다.)

네 번째 참가자(조슈아) : "내 생일은 마이클과 같은 날이야."(마이클 옆에 선다.)

다섯 번째 참가자(제시카) : "마이클, 조슈아와 나는 자주 같이 놀아." (마이클과 조슈아의 어깨 위에 각각 한 손을 얹는다.)

주의사항 : 이 게임은 여러 번 할 수 있다. 집단망은 매번 달라질 것이다. 한 번 이상 게임을 하게 되면, 참가자들은 자신이 집단의 중앙에 있을지 아닐지를 결정할 수 있다.

관련게임

20 : 성격의 조각 ◆ 27 : 도중에 만나다 ◆ 35~39 : 너를 받아들이기
◆ 46~51 : 집단 워밍업 게임 ◆ 52 : 원 안으로 들어와 ◆ 55 : 생일 선물
◆ 85~90 : 동상과 조각하기 게임

*101가지 생활기술 게임*에 있는 관련게임

21 : 이름 퍼즐 ◆ 23 : 자필서명책 ◆ 27 : 나는 나와 같은 사람을 만났다
◆ 33~40 : 너와 함께 작업하기 ◆ 41~44 : 집단 워밍업 게임 ◆ 50 : 줄다리기

68

생일 파티

목표

- 집단 내에서의 연결과 관계 탐색하기
- 초대(또는 비초대)에 대응하기
- 집단의식 강화하기
- 집단에 통합하기
- 애정을 보여 주기

게임방식 : 67번 게임(**집단망**)에서처럼, 한 참가자가 원형으로 된 참가자들의 중앙으로 간다. 아마도 오늘이 그 참가자의 생일? 그 참가자는 다른 참가자들을 중앙으로 부르는데, 이때 부르는 이유를 말함으로써 파티에 초청한다. 초청된 참가자는 중앙에 합류한다. 초청된 참가자들은 자기 위치를 정할 수 있다. 게임은 모든 참가자가 초청될 때까지 계속된다.

예

- "사만다, 너는 나의 가장 친한 친구니까 내 파티에 초대할게."
- "사라, 너와 나는 어제 스낵과자를 나눠 먹었으니까 내 파티에 초대할게."

관련게임

67 : **집단망** ◆ 69 : **집단에서 나의 자리**

69

집단에서 나의 자리

준비물 : 의자

목표
- 집단 내에서의 연결과 관계 나타내기
- 주변 집단을 다루고 통합하기
- 애정과 거부를 보여 주기
- 집단의식 강화하기

게임방식 : 모든 참가자가 교실의 한쪽에 서 있는다. 한 명씩 차례로 교실 중앙으로 걸어와서 자기가 편하게 느껴지는 곳의 의자에 앉는다. 다른 참가자가 옆에 가까이 의자를 놓으면, 더 가까이 가거나 더 멀리 갈 수 있다. 이 게임 동안에는 말을 하지 않는다.

주의사항 : 이 게임은 경험 많은 게임 참가자들과 다른 집단 형성 활동이 다 끝난 후에만 하는 것이 좋다. 이 게임은 여러 번 반복할 수 있다. 게임리더는 참가자들이 원을 형성할 때 누구 뒤에 누가 올 것인가를 물어봄으로써 차례를 결정할 수 있다. 게임 후에는 참가자들을 원으로 모이게 하여 명백하게 보이는 좋지 않은 점에 대해 이야기하는 것이 중요하다. 여기에서 좋지 않은 점, 혼자인 사람, 아웃사이더 등이 인식되고 다뤄져야 한다. 그런 것들에 대해 말하는 것 외에도, 통합 게임이나 협동 게임, 너 게임 등이 집단의 상황을 향상시킬 것이다.
　대화에서는, 게임 결과에 불만족한 참가자들의 이야기에 특별한 주의를 기울일 필요가 있다. 마찬가지로, 게임 중 가장자리에 서는 참가자들을 관찰하는 것이 중요하다. 게임이 집단 상황의 '속사(스냅숏)'이기 때문에, 두 번째 게임에서는 첫 번째와는 다른 결과가 나올 수 있다. 대화에 의해 촉발된 집단역동 과정과 그동안에 수행된 다른 게임들이 아마도 여기에서 통합될 것이다.

생각해 볼 점

- 여러분은 왜 멀리 또는 가까이로 움직였는가?
- 누군가가 아웃사이더가 되었는가?
- 그 게임은 여러분에게 일상생활에서 실제로 누가 주목받는지를 보여 주었는가? 그것은 무엇과 연관되는가?
- 주목받는 중심에 있는 참가자는 어떤 특성을 가졌는가?
- 여러분은 가장자리에 서 있는 참가자들을 좀 더 참여하도록 어떻게 할 수 있는가? 여러분은 그들이 포함되기를 원하는가? 그들은 포함되기를 원하는가?
- 일상생활의 어떤 상황에서 여러분은 자신이 관심의 중심에(또는 아웃사이더로) 있다고 느끼는가? 그것이 여러분을 편하게 또는 불편하게 느끼게 하는가? 그 상황이 바뀌었는가? 어떻게 바뀌었는가?
- 여러분 주위에서 어떤 집단이 '아웃사이더'라고 느껴지는가? 그들에 대한 여러분의 태도는 어떠한가?
- 여러분은 주변 집단에 속하는 단점을 가진 누군가를 아는가? 그것이 어떤 효과를 가져오는가?

역할극

- 식당에서 싫은 사람이 여러분 옆에 앉아 있다.
- 버스 또는 지하철에서 갈등이 발생했다.
- 나는 이 사람의 옆에는 결코 앉고 싶지 않다!

관련게임

1 : 내 기분 그림 ◆ 20 : 성격의 조각 ◆ 31 : 소문 공장 ◆ 45 : 우연한 동반자
◆ 52~59 : 협동 게임 ◆ 60~66 : 통합 게임 ◆ 68 : 생일 파티 ◆ 70 : 거미집 망
◆ 77 : 위협의 원 ◆ 81 : 시련 ◆ 90 : 정지 화면

***101가지 생활기술 게임*에 있는 관련게임**

20~26 : 너를 알아 가기 ◆ 27~32 : 너를 이해하기 ◆ 43 : 인사하기 게임
◆ 45~51 : 협동 게임 ◆ 52~56 : 통합 게임 ◆ 57~70 : 돕기 게임
◆ 72 : 줄다리기 II ◆ 77 : 프론트 라인 ◆ 79 : 루머

관계 게임

거미집 망

준비물 : 적어도 하나의 큰 실타래 공

목표

- 연결관계 만들기
- 집단 내에서의 연결 나타내기
- 집단으로 통합하기

게임방식 : 이 게임은 전 세계적으로 아동들이 좋아하는 게임인데, 원을 이룬 참가자들 안에서 실타래 공이 한 참가자로부터 다른 참가자로 굴러가면서 실이 풀린다. 실타래 공을 잡은 참가자는 실을 단단히 잡고, 다시 그것을 다른 참가자에게 굴린다. 이때 그 공을 잡을 것 같은 참가자의 이름을 외칠 수 있다. 이 실타래 공은 같은 참가자에게 여러 번 도달할 수 있는데, 이는 다른 참가자들과 많은 연결을 하고 있다는 표시이다.

결국 실로 된 망(網)은 교실 내에서 완성된다. 그 망은 단단해야 한다. 참가자들은 장애물(테이블, 의자 등)을 극복할 수 있다. 이 게임은 이제 협동 게임이 되었다.

변형 : 이 게임은 서로 다른 색상을 가진 여러 개의 실타래 공을 가지고 동시에 진행할 수도 있다.

관련게임

69 : **집단에서 나의 자리**와 이 게임에서 제시된 관련게임 모두 ◆ 71 : **이름란**

이름란

준비물 : 펜과 큰 종이, 테이블

목표

- 집단 내에서의 연결과 관계 나타내기

게임방식 : 각 참가자는 자신의 이름을 큰 종이에 쓰고 이름에 동그라미를 친 후 그 종이를 테이블 위에 놓는다. 그런 다음, 모든 참가자는 종이 사이를 다니며 자기 이름을 써넣는다. 그렇게 하면서 자신의 이름과 동그라미 친 이름 사이의 거리가 서로 간의 관계를 반영하며, 종이에 적힌 다른 사람들과의 관계 또한 마찬가지라는 것을 확인한다.

끝으로, 참가자들은 자신의 이름란(欄)에 대해 어떻게 생각하는지를 집단에게 보고한다.

주의사항 : 이 게임의 단점은 게임이 끝난 후 이름란의 위치를 바꿀 수 없다는 점이다. 추가된 이름으로부터 멀리 가는 것은 불가능하다. 더 많은 팁이나 생각해 볼 점은 69번 게임(**집단에서 나의 자리**)을 참조하라.

관련게임

69 : **집단에서 나의 자리**에서 제시된 관련게임 모두 ◆ 70 : **거미집 망**
◆ 72 : **돌 모음**

사람 수
무관

관계 게임

72

돌 모음

준비물 : 집단의 크기에 맞춰 색깔 돌이 든 하나 이상의 가방

목표 : 집단 내에서의 연결과 관계 나타내기

게임방식 : 집단은 둥그렇게 앉으며, 집단리더는 참가자들에게 색깔 돌이 든 가방을 건넨다. 각 참가자는 자기가 좋아하는 돌 하나를 갖는다. 가로 세로 2미터 정도의 정사각형 천을 집단의 중앙에 놓는다. 모든 참가자가 한 명씩 차례로 자기의 돌을 천 위에 놓는다. 일단 모든 돌이 놓이면 그 돌들의 위치는 2회, 3회 게임에서 바뀔 수 있다. 그러면 돌무더기는 변화될 것이다. 일부 돌들은 다른 많은 돌들로 둘러싸이고, 일부는 홀로 남기를 좋아하고, 일부는 돌무더기 주변에 있기를 좋아하며, 일부는 천의 가장자리에 있기를 좋아하고, 다른 것들은 천의 중앙에 있기를 좋아할 수 있다.

주의사항 : 색깔의 종류가 너무 많으면 혼란스러울 수 있으므로, 참가자들을 둘 또는 그 이상의 집단으로 나눌 수 있다. 참가자들은 1회 게임을 마친 후, 집단을 재구성할 수도 있다. 또한 참가자들은 다른 참가자와 자기의 관계가 어떤지도 알 수 있다. 더 많은 팁과 생각해 볼 점은 69번 게임(**집단에서 나의 자리**)을 참조하라.

관련게임
69 : **집단에서 나의 자리**에서 제시된 관련게임 모두 ◆ 71 : **이름란**
◆ 73 : **궤도 게임**

관계 게임

궤도 게임

준비물 : 펜과 색인 카드(또는 쪽지), 풀, 큰 종이

목표 : 우정 선호를 나타내기

게임방식 : 집단리더는 집단 내 참가자 수를 센다. 그런 다음 각 참가자는 자기의 이름을 많은 색인 카드(또는 쪽지)에 적어 그것들을 의자 위에 놓는다. 이제 모두가 걸으면서 각 의자 위에 있는 색인 카드(또는 쪽지)를 집단 구성원당 하나씩 가져간다. 그런 후에 큰 종이를 하나 가져와 그 중앙에 자기 이름을 붙이고, 자신이 좋아하는 대로 다른 이름들을 그 주위에 붙인다.

　모두 끝낸 후에는 서로의 종이를 보러 가서 어떻게 집단화했는지 그리고 자기가 다른 참가자의 종이 위에서 어떤 자리에 있는지를 확인한다.

주의사항 : 이 게임은 각자가 서로 잘 아는 집단에서 하는 게 좋을 것이다. 더 많은 팁과 생각해 볼 점은 69번 게임(**집단에서 나의 자리**)을 참조하라.

관련게임
69 : **집단에서 나의 자리**에서 제시된 관련게임 모두 ◆ 72 : **돌 모음**

*101가지 생활기술 게임*에 있는 관련게임
21 : **이름 퍼즐** ◆ 23 : **자필서명책**

좋은 것

준비물 : 펜, 쪽지, 그리고 그것을 뽑을 수 있는 상자

목표

- 공격적인 감정 통제하기
- 공감하는 것 배우기
- 선물 주고받기

게임방식 : 각 참가자는 세 가지 과제를 세 장의 쪽지에 따로 적는다. 과제는 다른 참가자들을 위해 뭔가 좋은 일을 해 주라는 요구다. 모든 쪽지는 섞어서 상자 안에 넣는다. 각 참가자는 쪽지를 뽑고 거기에 쓰인 과제를 수행한다. 그런 후에는 그 쪽지를 상자 안에 넣고 새로운 것을 뽑는다.

예

"사라를 위한 꽃을 찾아라."
"급우를 칭찬하라."
"제이콥에게 좋은 일을 약속하라."
"한 급우를 등에 업고 교실의 좋은 곳으로 가라."

변형

- 작은 집단들은 쪽지를 써서 그것이 전체 집단에서도 통하게 한다. 그것들을 집단으로 쓰도록 한 것은, 집단 내에서 틀림없이 그것에 대해 논의할 것이기 때문에 그 과제들이 실제적으로 수행될 가능성이 높기 때문이다.
- 모든 참가자가 둥그렇게 모여 앉아 자신들이 원하는 좋은 일들에 대해 이야기한 다음, 쪽지를 쓴다.

생각해 볼 점

- 이행하기에 힘들거나 불쾌한 과제가 있었는가? 그것이 누군가에게는 선의로 작동하여 만족시켜 주었는가?
- 여러분은 어떤 종류의 과제를 이행하는 것을 좋아하였는가? 사람들은 특히 어떤 과제들을 고마워하였는가?

역할극

- 모르는 사람이 "도와 드릴까요?"라고 말한다.
- 누군가가 여러분이 좋아하지 않는 선물을 한다.
- 누군가가 여러분에게 여러분 생각에는 아첨인 칭찬을 한다.
- 여러분은 할머니에게 뭔가 좋은 일을 해 드리고 싶은데, 무엇이 할머니를 행복하게 해 줄지를 모른다.
- 여러분은 선생님을 위한 좋은 선물을 갖고 있다. 그러나 선생님이 그걸 고마워하실지를 몰라 갖다 드리는 것을 망설이고 있다.

관련게임

20 : 성격의 조각 ◆ 26 : 안녕, 잘 가 ◆ 34 : 그림 선물 ◆ 35~39 : 너를 받아들이기 ◆ 46 : 구두점 ◆ 47 : 이름 사슬 ◆ 68 : 생일 파티 ◆ 75 : 칭찬 대통령

***101가지 생활기술 게임*에 있는 관련게임**

1~5 : 내가 좋아하는 것 ◆ 18 : 소리 특성을 수집하기 ◆ 26 : 내 오른쪽 자리가 비었어요(트위스트를 추며) ◆ 33~40 : 너와 함께 작업하기 ◆ 41~44 : 집단 워밍업 게임 ◆ 45~51 : 협동 게임 ◆ 58 : 위로하는 사람 게임 ◆ 62 : 응급구조함 ◆ 68 : 옮기기 도움 ◆ 70 : 학교의 첫날

75

칭찬 대통령

목표
- 공평하게 논쟁하기
- 언어적 공격 피하기
- 경쟁심 다루기

게임방식 : 학급의 모든 또는 선택된 후보들은 대표로 뽑히기 위해 노력한다. 선택방식은 다음과 같다. 한 회에 두 명씩 2분 동안의 선거 연설에서 후보들은 경쟁 상대방을 극찬한다. 학생들은 각 짝의 후보 중에서 한 명을 선택한다. 상대방 후보에 대해 칭찬을 가장 잘한 후보가 지명 후보가 된다. 이제 지명 후보들에 대한 결선 투표가 진행되는데, 또 다시 두 명씩 짝을 이루어 진행한다. 이런 방식으로 하여 최종적으로 한 명의 후보만 남을 때까지 계속한다. 그 사람이 칭찬 대통령이다!

변형 : 한 후보는 가능한 한 공격적이다. 그는 상대 후보를 부패, 무책임, 무능력하다고 비난한다. 한편 상대 후보는 친절하고 그 상대 후보를 칭찬하면서 호의를 베푼다.

생각해 볼 점
- 매우 칭찬을 받으면 어떻게 느껴질까?
- 여러분은 사람들이 항상 위와 같은 기분을 느끼도록 하고 싶은가?

역할극
- 아버지가, 자녀가 보는 앞에서, 선생님에게 자기 자녀를 칭찬한다. 선생님은 그 칭찬이 약간 과장되었음을 발견한다.

- 선생님이 부모에게 그들의 자녀에 대해 불평한다. 그 부모는 자녀를 방어한다.
- 집에서 자녀가 선생님에 대해 혹평하면서 불평한다. 부모는 선생님이 그 학생을 생각하고 있음을 보여 주려 애쓴다.
- 여러 연설자들이 자신을 뽑아 달라고 또는 자기들이 선택한 후보를 뽑아 달라고 연설한다.

관련게임

13~21 : **나는 어떤 사람인가** ◆ 74 : **좋은 것** ◆ 76 : **정치 놀이** ◆ 80 : **대결** ◆ 91~92 : **모의 게임** ◆ 93~101 : **사회적 역할극 게임**

***101가지 생활기술 게임*에 있는 관련게임**

20~26 : **너를 알아 가기** ◆ 54 : **뜨거운 자리** ◆ 71~83 : **공격성 게임**

76

공격성 게임

정치 놀이

준비물 : 펜과 종이

목표

- 정치와 시민의식에 관해 배우기
- 비슷한 이상을 가진 집단 형성하기
- 설득하기, 참여시키기

게임방식 : 참가자들은 선거공약을 주제로 브레인스토밍한다. 참가자들은 선거 공약을 만들어 내고, 선거운동 자원봉사자는 그것들을 보드에 적는다.

각 참가자는 종이 한 장에 투표자들에게 아주 호소력 있는 세 가지 공약을 적는다. 이제 그들은 각 선거공약당 짧은 선거 연설문을 구성한다(공약당 세 문장, 총 9문장). 그런 다음 두 명의 자원자가 정치가 역할을 맡아 모두에게 선거 연설문을 읽는다.

그들이 연설하는 동안 다른 참가자들이 종이에 적어 놓은 세 가지 중 하나에 해당되는 공약을 '정치가들'이 읽는 즉시, 그 참가자들은 그 정치가에게 가서 합류한다. 어느 한 정치가에게도 설득당하지 않은 참가자들은 생각이 비슷한 참가자들을 찾는다(즉 비슷하거나 동일한 공약을 공유하는 참가자). 일부 참가자들은 아직 못 선택했을 수도 있다. 이들은 유동층이다. 이들은 공약보다는 정치가의 성격을 보고 투표하거나, 투표를 하지 않거나, 무효표를 찍는다. 이제 투표자들은 두 후보와 그들의 지원자들까지 합해서 논의한다. 그런 다음 그들은 결정에 이른다. 어느 정치가가 선거에서 이길까?

역할극

- 시장 선거

• 반장 선거

관련게임

11~12 : 내가 생각하는 것 ◆ 13 : 보이지 않는 사람 ◆ 28 : 두 가지 면접

◆ 30 : 머리는 정직하고, 꼬리는 거짓말을 한다 ◆ 31 : 소문 공장

◆ 35~39 : 너를 받아들이기 ◆ 67~73 : 관계 게임 ◆ 75 : 칭찬 대통령

◆ 77 : 위협의 원 ◆ 91~92 : 모의 게임 ◆ 96 : 인터뷰

***101가지 생활기술 게임*에** 있는 관련게임

6~7 : 내가 할 수 있는 것 ◆ 27~32 : 너를 이해하기 ◆ 50 : 줄다리기

◆ 71~83 : 공격성 게임

위협의 원

목표

- 공격성 다루기
- 공격성 줄이기와 자제하기
- 공포 다루기

게임방식 : 자원자 한 명이 원 안의 중앙으로 들어간다. 다른 참가자들은 위협적인 몸짓으로 그 자원자를 위협한다. 자원자는 좀 생각을 한 다음, 갑자기 그들을 가볍게 해 주는 무엇인가를 한다.

주의사항 : 소심하거나 공격적인 참가자들은 자원자 역할을 해서는 안 된다.

생각해 볼 점

- 여러분은 기어서 어디 구석에라도 숨고 싶은 느낌이었는가? 여러분은 폭발하여 폭력을 쓰고 싶은 느낌이었는가?
- 여러분이 위협당한다고 느끼게 하는 사람이 있는가?
- 여러분이 위협당한다고 느끼게 하는 집단이 있는가?

역할극

- 형편없는 성적을 받고 집에 온다. 가족 모두가 여러분을 비난한다.
- 급우 한 명이 말다툼 끝에 다쳤다. 여러분은 그중 한 명이다. 교장과 선생님은 여러분을 비난한다.
- 경찰이 여러분을 체포했다. 그들은 여러분을 심문한다. 여러분은 악명 높은 은행강도라고 의심받고 있다.
- 여러분은 여행자다. 지역 사람들로 꽉 찬 어느 식당에서 사람들이 쑥덕거

리기 시작한다. 모두가 여러분을 본다. 몇몇 사람들이 일어선다.

관련게임

1~10 : 내가 느끼는 것 ◆ 31 : 소문 공장 ◆ 50 : 수풀을 통과해서 ◆ 64 : 맹인 연합
◆ 69 : 집단에서 나의 자리 ◆ 76 : 정치 놀이 ◆ 78 : 다툼

***101가지 생활기술 게임*에 있는 관련게임**

32 : 설상가상으로 ◆ 45~51 : 협동 게임 ◆ 61 : 도와 달라고 외치기
◆ 67 : 악어의 눈물 ◆ 71~83 : 공격성 게임

큰 집단

공격성 게임

다툼

목표 : 공격의 공포 이해하기

게임방식 : 모든 참가자는 교실 내에서 흩어져 둥그렇게 모이되 각자의 거리를 50센티미터 정도로 한다. 자원자 한 명이 교실 한쪽에서 참가자들 사이를 지나 다른 쪽으로 걸어가려고 한다. 자원자가 걸어가면, 다른 참가자들이 거리를 좁혀 자원자의 길을 더 힘들게 한다. 그러나 다른 참가자들은 자원자를 밀거나 쥐거나 잡을 수 없으며, 자원자는 자신의 길을 뚫기 위해 살짝 밀 수는 있다. 이 게임에서 모든 참가자는 뛰면 안 되며 오직 걸어 다녀야 한다.

변형 : 두 명의 참가자가 서로 가까이 붙어서 걸어간다. 그들은 방의 다른 쪽까지 가려고 한다. 많은 사람들이 그 둘 사이를 떨어지게 하려고 한다.

생각해 볼 점
- 여러분은 다툼이 있었을 때 어떤 느낌이었는가?
- 그 느낌이 공포, 분노, 공격성 중 어느 것이었는가?
- 여러분의 목표를 포기할 생각을 했었는가?
- 일상생활에서는 어떤 상황이 비슷한가?
- 여러분은 어떻게 스스로를 도울 수 있었는가?

역할극
- 버스 안에서의 다툼
- 학교에서의 다툼
- 교통혼잡 속에서 길 건너기

관련게임
77 : **위협의 원** ◆ 79 : **전쟁춤**

공격성 게임

전쟁춤

목표
- 공격성 줄이기
- 공격성 참기
- 공격 형태 알아 가기

게임방식 : 6~8명의 소집단 내에서 모든 참가자는 전쟁춤을 연습한다. 드럼이나 리드미컬한 음악 테이프로 배경음악을 삼을 수 있다. 각 집단은 다른 집단이 지켜보는 가운데 자기들의 춤을 보여 준다. 그들은 어떤 형태의 공격성(어떤 종류의 춤)인가를 알려고 한다.

예
- 전투 전에 정신적으로 준비하는, 용기를 북돋우는, 일반적으로 사람들이 파이팅하는 기분에 들어가도록 하는 춤
- 전투 시작 전에 적을 놀라게 하려는 춤
- 전투가 발생할 때 자기 편의 용사들을 지원하기 위한 춤

변형 : 춤추는 참가자들이 다른 참가자들 주위를 돌면서 춤을 추며, 이 다른 참가자들은 교실 내 중앙의 바닥에 앉아 있는다.

생각해 볼 점
- 그 춤은 여러분에게 어떤 기분을 촉발했는가?
- 그 춤은 집단에게 어떤 영향을 주었는가?

역할극

- 토템폴[전통적으로 아메리카 원주민 사회에서 토템의 상(像)을 조각한 기둥]에서
- 전쟁의 신이 용사들에게 나타난 날

관련게임

1~10 : 내가 느끼는 것 ◆ 78 : 다툼 ◆ 80 : 대결 ◆ 85~90 : 동상과 조각하기 게임

*101가지 생활기술 게임*에 있는 관련게임

71~83 : 공격성 게임

공격성 게임

대결

준비물 : 공격 카드(게임 설명 후의 마스터 시트 참조)

목표

- 공격 행동을 통해 보기
- 시지각 연습하기

게임방식 : 두 명의 선사시대 동굴인들이 적으로 마주친다. 서로 다른 부족에 속해 있기 때문에 그들은 언어가 다르다. 그들은 둘 다 상대방에 맞서야 한다고 생각한다. 그들은 서로 상대방이 물러나도록 하기 위해 소리나 얼굴표정, 몸짓 등을 사용한다. 그들의 행동은 공격 카드에 의해 결정되는데, 공격 카드는 포장 용기에서 꺼내며 남들이 못 보게 한다.

몇 분 후 게임리더의 신호에 따라 둘은 물러선다. 청중으로 있는 다른 참가자들의 도움을 받아 각 참가자는 상대방의 카드에 뭐라고 써 있는지를 추측해 낸다.

예

- "창 또는 주먹을 흔들고 성난 표정을 지어라."
- "가슴을 쾅쾅 치면서 고릴라처럼 포효하라."

생각해 볼 점

- 여러분은 어떻게 남을 협박하거나 위협할 수 있는가?
- 협박은 실제 공격과 같은가?
- 일상생활에서 누가 여러분을 협박한 적이 있는가?
- 얼굴표정, 몸짓, 언어 외에 추가적으로 협박을 위한 '현대적인' 수단들은 무엇인가?
- 협박 행동을 보이는 몇몇 동물들의 이름을 말해 보라.

역할극

- 현존하는 두 적이 서로 다투고 있다.
- 그 선생님이 개입하지 않았더라면 싸움이 발생했을 것이다.

관련게임

4 : 기분을 표현하는 신체언어 ◆ 23 : 내 이름은? ◆ 36 : 스파이

◆ 54 : 우리는 닮았어 ◆ 79 : 전쟁춤 ◆ 81 : 시련 ◆ 85~90 : 동상과 조각하기 게임

◆ 93~101 : 사회적 역할극 게임

*101가지 생활기술 게임*에 있는 관련게임

28 : 너는 나를 조각해 ◆ 29 : 네가 나를 비춰 ◆ 44 : 좋은 아침! ◆ 60 : 친절한 시험

◆ 71~83 : 공격성 게임 ◆ 84~92 : 동상과 조각하기 게임 ◆ 97~101 : 팬터마임 극

대결을 위한 마스터 시트

너무 가까이 오지 마!	나는 최강자야! 여기는 내 영역이야!	꺼져. 그렇지 않으면 넌 고생 좀 해야 할 거야!
나는 키도 크고 핸섬해.	나는 진짜 위험한 사람이 될 수도 있어. 다른 말로 하면, 나는 너를 때려눕힐 수 있다구.	나는 이미 많은 적들을 없애 버렸어.
나를 화나게 하지 마!	나는 너에 대해 관심 없어.	내가 널 때려 줄 거야.
너는 우스꽝스럽고 어리석은 놈이야.	내가 어떤 무기를 가졌는지 봐라!	내 친구와 동료들이 가까이에 있어.
너에 대해서는 유감이야.	너는 나에 비해 한참 밑이야.	나는 널 두려워하는 것처럼 행동할 뿐이야.

공격성 게임

시련

목표

- 공격과 도발을 인내하기
- 아웃사이더 이해하기
- 군중 속의 고독을 이해하기

게임방식 : 참가자들은 두 집단으로 나뉜다. 한 집단은 두 개의 줄을 형성하는데, 그 한쪽 끝을 향해서 깔때기 모양으로 좁아진다. 다른 집단은 이 깔때기 모양을 통해 한 명씩 걸어가야 한다. 그러면 그 줄을 만든 집단에서는 몸짓이나 얼굴표정, 외침 등을 동원해 거기를 통과하는 참가자들에게 시련을 주어 다양한 느낌(재미, 분노, 공포, 기쁨 등)을 유발한다.

변형

- 눈 감고 시련을 통과해 걷기
- 시련을 통과해 걸으면서 소리 내어 웃기, 노래하기, 외치기
- 둘이 짝을 지어 시련을 통과하기
- 시련을 통과하면서 달리기, 점프하기, 춤추기
- 줄지어 시련을 통과해 걸어가는 참가자들을 놀리기, 외치기, 위협적인 몸짓 하기
- 시련을 통과해 걸어가는 참가자들에게 차분하게 말하기
- 스스로 혼잣말하기

생각해 볼 점 : 여러분은 아웃사이더라고 불쾌하게 대접받는 느낌을 받는 상황에 처해 본 적이 있는가? 여러분은 그런 상황을 다루기 위한 '재주'를 갖고 있는가?

역할극 : 새로운 학생이 학교에 온다. 모든 학생이 쑥덕거리고, 어디 출신인지 궁금해하며, 그 학생을 살펴보고, 시험해 본다.

관련게임

1~10 : **내가 느끼는 것** ◆ 80 : **대결** ◆ 82 : **보안요원**

*101가지 생활기술 게임*에 있는 관련게임

45~51 : **협동 게임** ◆ 57~70 : **돕기 게임** ◆ 71~83 : **공격성 게임**

82

보안요원

준비물 : 쌓기용 블록

목표

- 절도 다루기
- 불신 다루기
- 시지각 훈련하기
- 납치의 공포 다루기

게임방식 : 다양한 색깔의 블록들이 흩어져 있는데, 이 블록들은 참가자들 수의 최소 세 배는 되어야 한다. 모든 참가자가 눈을 감고 있고, 게임리더는 한 참가자를 골라 어깨를 가볍게 툭 쳐서 보안요원으로 삼는다. 그런 다음 모든 참가자는 눈을 뜨고 주위를 걸어 다니면서 블록들을 훔치려고 한다. 보안요원이 모든 도둑을 한 번에 잡을 수는 없지만, 대신에 그 약탈물이 어떻게 생겼는지, 어디에 숨겼는지, 어느 손으로 숨겼는지 등을 말함으로써 도둑들을 한 명씩 잡는다. 그렇게 해서 발각된 도둑은 게임에서 탈락한다.

　보안요원의 정체는 첫 번째 도둑을 잡는 순간 밝혀진다. 그러나 그것으로 괜찮다. 이후부터 다른 도둑들은 잡히지 않고 세 개의 블록을 모아야 목표가 달성되는 힘든 과정이 된다. 세 개의 블록을 모아 목표를 달성한 참가자는 보안요원에게 "넌 해고야!"를 외친다. 다음 회기에는 또 한 명의 참가자가 보안요원이 된다.

생각해 볼 점

- 여러분은 보안요원 또는 도둑 역할을 하는 것이 스트레스였는가?
- 도둑 역할을 할 때 잡힐까 봐 두려웠는가?

- 일상생활에서 슬쩍 훔치는 사람들은 어떤 일을 당하는가?
- 일부 고객들이 훔치는 이유는 무엇일까?
- 여러분은 훔치는 사람에게 어떤 영향을 줄 수 있는가?

주의사항

- 이 게임에서는 생각해 볼 점이 특히 중요하다. 청소년들은 슬쩍 훔치는 일이 많다. 그들 중 많은 이들이 그 결과(벌)가 매우 심해서 놀란다. 여기서 역할극은 그런 문제를 보여 주기 위해 설계되었다.
- 이 게임은 보안요원의 일이 매우 어렵다는 것을 신중하게 알려 준다. 그렇게 해서 참가자는 가게 주인(가게에서 슬쩍 훔쳐 가려는 사람들을 다뤄야 하는) 같은 다른 누군가의 감정을 경험해 볼 수 있다.

역할극

- 백화점에서 슬쩍 훔치다가 잡힌다!
- 아들아, 이웃집 사람이 네가 백화점에서 물건 훔치는 걸 봤다고 얘기하더구나!
- 엄마 : "너 이 컴퓨터 게임 어디서 났니? 이거 훔친 건 아니지, 그렇지?"
- 스티브는 친구들 앞에서 "나는 가게에 갈 때마다 뭔가 훔쳐 온다"고 자랑한다.

- 마르티나는 친구들에게 "네가 겁쟁이가 아니라면, 화장품 가게에서 뭔가 훔쳐 와 봐!"라고 말한다.
- "네가 만일 내게 5달러를 빌려 주지 않으면, 선생님 책상에서 네가 뭔가 훔치는 걸 봤다고 말할 거야."

관련게임

1~10 : 내가 느끼는 것 ◆ 36 : 스파이 ◆ 81 : 시련 ◆ 83 : **첩보원 게임**

*101가지 생활기술 게임*에 있는 관련게임

8~19 : 내가 관찰한 것 ◆ 71~83 : **공격성 게임**

첩보원 게임

준비물 : 게임리더가 쪽지를 미리 준비한다.

목표

- 불신 다루기
- 발각됨의 공포 다루기
- 단결성 보여 주기

게임방식 : 이 게임에서는 한 명의 스파이와 6~8명의 정보제공자들이 있다. 그 외의 참가자들은 스파이를 찾아 체포해야 하는 첩보원들이다. 이 역할들이 결정되기 전에, 모든 참가자는 눈을 감고 있어야 한다. 게임리더는 "스파이"라고 적힌 쪽지를 눈에 띄지 않게 한 참가자에게 넘긴다. 각 정보제공자는 스파이에 관해 짧게 묘사된 쪽지를 받는다(예 : 푸른 눈, 흰색 운동화, 금발, 바지, 키가 아주 큰 등). 첩보원들도 쪽지를 받는데, 단순히 "첩보원"이라고 적혀 있다.

모든 참가자는 눈을 뜨고 자신의 쪽지를 자세히 읽은 다음 그것을 주머니에 감추고 다시 눈을 감는다. 이제 게임리더가 소리친다. "눈을 떠라! 스파이를 찾아라!" 모든 참가자는 일어서서 다른 참가자한테 가서 서로에게 묻는다. 예컨대, "스파이의 셔츠 색상은 뭐냐?"고 묻는다. 오로지 정보제공자들만이 정보의 단편을 갖고 있으므로, 보통 그들은 "난 몰라."라는 대답만 듣게 될 것이다. 정보제공자들은 누군가가 그들에게 올바른 질문(또는 질문들, 만일 정보제공자가 더 많은 정보를 모았다면)을 했을 때만 쪽지에 있는 정보를 제공한다. 스파이는 자신을 속이지 않고 모든 질문에 "난 몰라."라고 대답한다. 어느 참가자도 각자의 정체를 질문해서는 안 된다. 만일 자신이 스파이를 찾았다고 생각하는 첩보원은 다른 한 참가자에게 조용히 자기 파트너가 돼 달라고 부탁한다. 그들은 추정된 스파이에게 함께 다가가서 "너는 체포됐다!"고 말한다. 만일 틀렸다면,

그 둘은 게임에서 탈락하게 된다.

생각해 볼 점

- 이 게임에서 참가자들은 비록 그들이 신뢰하지 못하는 사람들일지라도, 그들과의 협동에 의지해야 한다. 그 뒤에 여러분과 연합할 사람을 발견하는 것이 구원이 되는가?
- 스파이에 관해서 무엇이 흥분할 만한 일인가?
- 실제 스파이라면 어떻게 다르게 행동했을까?
- 어떤 역할이 여러분에게 가장 잘 맞았는가?

역할극 : 어느 학생이 우리와 선생님 사이를 갈등하게 만들었다.

관련게임

82 : **보안요원**과 이 게임에서 제시된 관련게임 모두 ◆ 84 : **추적**

공격성 게임

추적

목표

- 공포와 공격성 다루기
- 배려와 비공격성 연습하기

게임방식 : 이 게임의 참가자들은 희생자를 잡으려는 '추적자'임과 동시에 다른 참가자에게 쫓기는 희생자이다. 시작할 때는 모든 참가자가 교실 내를 둥그렇게 걷는다. 조용히 걸으면서 각 참가자는 한 참가자(누구든)를 희생양으로 선택하고 주시하기 시작한다. 이와 동시에 또 다른 참가자는 앞의 감시자를 희생양으로 선택할 수도 있다. 얼마 후에는 대부분의 참가자들이 누가 자기를 쫓는지 알게 될 것이다.

게임리더의 신호에 따라 참가자들은 자신이 희생양으로 잡히기 전에 자기의 희생양을 잡기 위해 달린다. 잡힌 사람은 그 자리에 서 있는다. 많은 참가자들이 희생양을 잡기 전에 잡힐 것이다.

변형 : 전체를 두 집단으로 나눈다. 집단 A는 추적자로 시작한다. 교실 내를 걸어서 돌면서, 집단 A의 참가자들은 집단 B의 참가자들을 주시한다. 집단 B의 참가자들도 집단 A의 참가자들을 주시하는데, 적절한 시간 내에 잡히지 않기 위해서다. 잡힌 참가자들은 계속 걸어 다닐 수 있는데, 왜냐하면 곧 게임리더의 신호에 따라 집단 B가 추적자가 되기 때문이다.

주의사항 : 게임리더는 참가자들에게 서로 부딪히지 않도록 주의를 주어야 한다. 좀 덜 위험하게 하려면, 동물들이 서로 쫓고 쫓기듯이, 네발로 게임하도록 한다.

생각해 볼 점

- 여러분은 남에게 주시를 당함으로써 위협을 느껴 보았는가?
- 여러분은 달아나고 싶다는 느낌을 가져 보았는가?

관련게임

82 : **보안요원**에서 제시된 관련게임 모두　◆ 83 : **첩보원 게임**

더 많은 상상 더하기

동상과 조각하기 게임

게임 85~90

모의 게임

게임 91~92

사회적 역할극 게임

게임 93~101

얼어붙은 쌍

목표

- 사회 지각과 시지각 훈련하기
- 신체언어와 느낌 연결하기
- 신체언어와 관계 비교하기
- 누군가의 감정 관찰하기

게임방식 : 참가자들은 세 개의 소집단으로 나뉜다. 한 집단의 사람들은 관찰자이다. 다른 두 집단은 교실 내에서 생음악에 맞춰 움직인다. 음악이 그치면, 그 상태 그대로 정지한다. 관찰자들은 서로가 반대 방향으로 선 짝, 서로 이웃해서 선 짝, 뭔가를 손에 가진 짝 등을 확인한다.

예

- 이 둘은 마치 서로 대화하는 것 같다.
- 이 둘은 마치 서로 싸운 후 갈라서는 것 같다.

변형

- 얼어붙은 집단 : 관찰자들은 세 명 혹은 그 이상의 참가자들을 찾고 그들을 대표하는 '집단 이미지'를 찾아본다.
- 한 집단은 행복하게 춤추는 집단, 다른 집단은 슬프게 춤추는 집단. 정지하게 했을 때, 그들은 재미있는 짝의 결합을 만들 것이다.

다른 가능성 : 공격적이고 불안한 집단, 외향적이고 수줍은 집단.

생각해 볼 점

- 여러분은 어떤 역할이 가장 좋았는가?
- 관찰자들은 짝들을 어떤 방식으로 보았는가?
- 춤추는 참가자들은 서로의 움직임에 잘 맞췄는가?

관련게임

4 : 기분을 표현하는 신체언어 ◆ 54 : 우리는 닮았어 ◆ 86 : 정서 조각하기

101가지 생활기술 게임에 있는 관련게임

28 : 너는 나를 조각해 ◆ 33~40 : 너와 함께 작업하기 ◆ 66 : 얼음 술래잡기

◆ 78 : 평화의 말 ◆ 84~92 : 동상과 조각하기 게임 ◆ 93 : 나쁜 뉴스와 좋은 뉴스

◆ 97~101 : 팬터마임 극

동상과 조각하기 게임

정서 조각하기

목표

- 사회 지각과 정서 지각 증진하기
- 정서적 신체언어 인식 훈련하기
- 시지각 훈련하기

게임방식 : 참가자들을 세 개의 소집단으로 나눈다. 한 집단은 관찰자 집단이다. 다른 두 집단은 교실 내에서 생음악에 맞춰 움직인다. 음악이 그치면, 그 상태 그대로 정지한다. 이제 게임리더는 '썰기법'을 사용해서 그들을 조각한다. 리더는 참가자들에게 그 조각상이 나타내야 할 정서를 말해 주며, 참가자들은 그에 맞는 위치로 급히(즉 거친 움직임으로) 이동한다.

예

- "너 자신을 공포스러워하는 조각상으로 변형시켜라! 공포! 공포! 공포! 공포! 공포!…" 결국 모든 참가자가 공포를 표현하거나 상징하는 방식으로서 있다.
- "전투하는 조각상으로 바꿔라! … 사랑하는… 기뻐하는… 갈망하는… 슬퍼하는…!"

생각해 볼 점

- 여러분은 어떤 역할이 가장 좋았는가?
- 관찰자들은 그 조각상들이 자신들을 잘 표현했다고 느꼈는가? 그 조각상들은 어떤 개념이나 정서를 가장 잘 표현했는가?
- 조각 참가자들은 스스로 자신들을 잘 표현했다고 느꼈는가? 그들은 어떤 개념이나 정서가 특히 표현하기 어렵다는 것을 발견했는가?

변형

- 그 집단이 움직이는 동안에 소수 방문자들(즉 관찰자 집단의 일부)은 교실 밖에 있다. 그들은 다시 불려 오고 그 조각상들이 무엇을 표현하려 했는지 추측한다.
- 게임리더는 즉각적으로 새로운 과제를 준다 : 방금 하고 있던 것과 반대로 바꿔라!

주의사항 : 이 게임은 재미있는 심리적 효과를 보여 준다. 처음에 참가자들은 그것에 관해 생각을 함으로써 원하는 신체 위치를 수행하려고 한다. 다시 말하면, 마음이 몸에 영향을 준다. 그러나 신체가 어떤 특정한 위치를 취하자마자, 그 위치 스스로가 마음에 영향을 준다. 그런 다음에 우리는 우리 신체가 표현하는 것(기쁨이나 슬픔 같은)을 실제로 느낄 수 있다.

관련게임

85 : **얼어붙은 쌍**과 이 게임에서 제시된 관련게임 모두 ◆ 87 : **동상 집단**

동상 집단

목표

- 사회 지각과 정서 지각 증진하기
- 정서적 민감화
- 조화와 협동 학습하기

게임방식 : 조각상들이 86번 게임(**정서 조각하기**)에서와 같이 만들어진다. 정지됐던 참가자들은 게임리더의 지시에 따라 서로를 향해 '썰기법'으로 움직이고, 3~6명의 소집단을 형성하여 게임리더가 제시한 개념을 표현한다.

소수 관찰자 집단은 생각해 볼 점을 다시 갖추고 돕는다.

생각해 볼 점

- 원하던 아이디어를 여러분 혼자 표현하는 것과 집단으로 표현하는 것 중 어느 것이 더 쉬웠는가?
- 어느 표현(혼자 또는 집단으로)이 관찰자들에게 더 큰 영향을 주었는가?

변형

- 다른 집단들에 관해 생각해 볼 점에 참가한 후, 각 집단은 차례로 자신들만의 구성을 재창조하려고 노력한다.
- 꿈 이미지 : 개별 관찰자들은 바닥에 눕는다. 조각상들이 그들 주위에 만들어진다.

관련게임

85 : **얼어붙은 쌍**과 이 게임에서 제시된 관련게임 모두 ◆ 86 : **정서 조각하기**
◆ 88 : **가족 동상**

가족 동상

목표

- 가족의 역할과 가족 구조에 대해 인식하기
- 서로 다른 가족 역할 수행하기

게임방식 : 3~6명으로 된 집단을 구성하고, 자신들을 조각하여 집단 동상을 만 듦으로써 우선은 공동체의 개념을, 다음으로는 가족의 개념을 표현하려고 시도 한다. 이 두 가지 아이디어를 표현하는 것은 다음과 같은 점에서 다를 것이다. 공동체를 표현하는 데서는 구체적인 역할의 분배가 어려운 데 비해, 가족에서 는 아빠, 엄마, 자녀와 같이 역할들이 명쾌하다.

다음으로, 각 집단은 그들의 가족을 어떻게 그려 낼 것인가에 집중한다. 가족 사진을 가져올 수도 있고, 집 거실에서 각자 하는 일일 수도 있으며, 가족휴가 일 수도 있다. 가족 장면은 조화일 수도 있고 갈등일 수도 있다. 모든 집단이 자기 가족을 어떻게 표현해 내느냐를 결정한 후에, 각 집단은 동상 세트 만들기 를 '수행'하는 한편, 다른 집단은 동상들을 분석한다. 그들은 참가자들이 하는 일을 추측하고, 어느 참가자가 가족 내에서 어떤 역할을 하기로 했는지, 그 상 황은 어떤 것인지 등을 추측한다. 가족 관계에 대한 서술 또한 만들어진다.

변형

- 누가 자기 가족을 표현하고 싶어 하는가?
- 누가 자기 친구의 가족이나 또는 문학작품, 영화에서의 가족을 표현하고 싶어 하는가?
- 중요한 사건(사망, 결혼, 임신, 질병, 졸업, 취업)이 발생하면 가족은 어떻 게 변화하는가?
- 다른 집단 참가자들은 보고서용 가족 면접을 함으로써 '이 주일의 가족'을

찾는 리포터 역할을 한다.

생각해 볼 점

- 가족에 대해 적용할 때, '기능적인'과 '비기능적인'이란 용어는 무슨 의미인가?
- '완전한 가족'과 '불완전한 가족'은 무엇일까?
- 묘사된 가족들 중에서 어느 가족 구성원이 자신의 주장을 가장 잘할까?

역할극

- 가족 구성원이 (행복한/거북한/슬픈/가공할/걱정스러운) 뉴스를 갖고 저녁 식사에 온다.
- 가족 중 한 명이 복권에 당첨되었다. 상금이 나누어질까?

관련게임

40~45 : 너와 함께 작업하기 ◆ 52~59 : **협동 게임** ◆ 67~73 : **관계 게임**

◆ 87 : **동상 집단** ◆ 89 : **기분 표시기 동상** ◆ 91~92 : **모의 게임**

*101가지 생활기술 게임*에 있는 관련게임

28 : **너는 나를 조각해** ◆ 45~51 : **협동 게임** ◆ 84~92 : **동상과 조각하기 게임**

기분 표시기 동상

목표

- 정서 의사소통하기
- 집단의 기분에 반응하기

게임방식 : 참가자들은 자기가 어떻게 느끼고 있는가를 신체를 사용하여 표현한다.

예

- 한 참가자는 달려가는 것 같은 느낌이다.
- 한 참가자는 귀를 막고 집단으로부터 돌아서 간다.
- 한 참가자는 머리 위로 팔을 올리고 서 있다. 그 참가자는 집단 내에서 편안함을 느낀다.
- 한 참가자는 의자에 앉아 스트레칭을 한다.

생각해 볼 점

- 여러분의 신체언어는 남들에게 뭐라고 말하는가?

- 여러분의 신체언어가 변화하려면 무엇이 변해야 하는가? 그런 다음에는 여러분의 신체가 무엇처럼 보이는가?
- 같은 느낌에 대해 새로운 자세를 해 보라.

변형 : 게임리더는 상상의 상황을 제시하고, 참가자들은 그 상황에 대한 자신의 생각을 신체로 보여 준다. 예컨대, "학교가 불타고 있다고 상상하라."

관련게임

1~10 : 내가 느끼는 것 ◆ 18 : 재주와 특성 ◆ 22~34 : 너를 알아 가기
◆ 35 : 예 아니요 예 아니요 ◆ 88 : 가족 동상 ◆ 90 : 정지 화면

*101가지 생활기술 게임*에 있는 관련게임

1~5 : 내가 좋아하는 것 ◆ 27~32 : 너를 이해하기 ◆ 84~92 : 동상과 조각하기 게임
◆ 97~101 : 팬터마임 극

동상과 조각하기 게임

정지 화면

목표

- 집단 내 문제 관계 개선하기
- 개인적 갈등 이해하기

게임방식 : 이 게임은 집단 내 구성원 중 둘 이상이 서로 갈등을 겪으면서 어떤 방식으로도 해결이 안 될 때 사용된다. 집단리더는 당사자들에게 그 갈등을 나타내는 자신들의 동상을 만들라고 요구한다.

예 : 집단의 한 구성원인 잭은 체육시간에 다른 구성원인 질의 다리를 뜻하지 않게 걸려 넘어지게 했다. 질은 그것이 의도적이라고 생각한다. 이제 잭은 질이 넘어졌을 때 어떻게 다른 방식으로 그것을 생각했는지 보여 주는 동상의 모습을 생각한다. 질은 자신이 넘어졌을 때 무슨 생각을 했는지 보여 주는 동상의 모습을 생각한다. 그 두 사람은 그런 모습을 취한다. 만일 참가자들이 무슨 일이 일어났는지에 대해 의견이 불일치하면, 두 사람은 그 사건에 대한 새로운 버전을 만들 수 있다.

생각해 볼 점

- 그 갈등을 명쾌하게 보는 것은 그것을 해결하는 데 도움이 되는가?
- 집단 구성원 각각은 어떻게 느끼는가?
- 다른 집단의 구성원들은 어떻게 그와 같은 갈등을 피했는가?

주의사항 : 여러분이 여러분 스스로의 동상일 때 웃지 않기는 어렵다! 참가자들은 가능한 한 극단적인 자세를 취해서 그들의 갈등이 실제로는 어리석다는 것을 보여 주도록 해야 한다. 이 게임은 사소한 오해를 다룰 때만 사용하라. 훈련

된 치료자들만이 더 깊은 갈등 및 학교 외부에서 발생한 갈등을 다룰 수 있다.

관련게임

27 : 도중에 만나다 ◆ 45 : 우연한 동반자 ◆ 52~59 : **협동 게임** ◆ 67~73 : **관계 게임**

◆ 76 : **정치 놀이** ◆ 89 : **기분 표시기 동상** ◆ 93~101 : **사회적 역할극 게임**

***101가지 생활기술 게임*에 있는 관련게임**

22 : 이름 모으기 ◆ 23 : 자필서명책 ◆ 50 : 줄다리기 ◆ 58 : 위로하는 사람 게임

◆ 84~92 : **동상과 조각하기 게임**

새 고속도로

준비물 : 서식, 그림 및 다른 자료들

목표

- 인지기술 훈련하기
- 프로젝트 방해하기
- 자기주장 배우기
- 수사학적 기술 훈련하기
- 역할 배우기

게임방식 : 이 게임에서는 참가자들이 교통체증, 소음, 오염에 빠져 있는 도시를 생각한다. 중심가에 살고 있는 대부분의 거주자들은 도시 주변의 교통 방향을 바꿀 새 고속도로 건설을 찬성한다. 그러나 일부 식당주인들과 사업을 하는 사람들은 반대한다. 왜냐하면 고객을 잃게 될 것을 두려워하기 때문이다. 도시는 보존할 만한 가치가 있는 지역에 위치해 있다. 그리고 환경론자 집단은 다른 해결책을 제안한다.

게임리더는 게임을 하기 위해 자신의 구조를 만들고 자신의 역할을 만들라고 집단에게 요구할 수 있다. 또는 참가자들은 모의 게임(시뮬레이션 게임) 구조화 및 실시를 위한 자세한 지침서를 사용할 수 있다. 시뮬레이션 게임은 다음 페이지에 있는 "시뮬레이션 게임의 표준구조" 아래에 있다.

기타 예

- 가족의 임대계약이 2년 내에 끝난다. 어디로 이사하나?
- 시장은 학교를 리모델링하는 데 학교공동체를 참여시키고 싶어 한다.

생각해 볼 점

- 누가 더 정보를 충분히 갖고 있는가?
- 어느 참가자가 설득력이 있는가?
- 어느 참가자가 잘 협동하여서 자기주장을 할 수 있었는가?
- 게임이 예기치 않은 쪽으로 돌아갈 때 누가 빠르고 효율적으로 반응했는가?

시뮬레이션 게임의 표준구조

시뮬레이션 게임에서 참가자들은 문제나 갈등의 (보통 글로 쓰인) 설명을 받는다. 덧붙여 각 참가자는 자신의 역할의 상세한 설명을 받는다. 이 설명에는 보통 그 사람의 직업, 나이, 성별, 태도, 특질이 들어가 있다. 설명은 특히 그 사람의 문제나 갈등에 대한 태도를 강조한다. 역할 설명은 참가자가 게임에서 사용할 수 있는 문장도 포함한다.

부가적인 문서 정보, 그림, 다른 삽화 자료들도 제공될 수 있다. 아동들이 나이가 많을수록 게임 시작 전에 주어진 문제에 대한 정보가 더 상세해질 수 있다. 이상적으로 참가자들도 충분한 준비시간을 가진다. 게임은 종종 1시간 이상으로 지속되지 않는다. 그러나 14세 아동에 대한 어떤 프로젝트의 경우에는 준비시간이 일주일까지도 걸릴 수 있다. 정보를 잘 받은 참가자들은 일반적으로 이 게임을 더 잘한다.

더 어린 아동들에게는 상황과 역할에 대한 간단한 설명을 하는 '즉흥적인 시뮬레이션 게임'을 하는 것이 더 적절하다. 준비시간은 정보의 언어적 변화 및 참가자들 사이의 협의에 주로 초점을 둔다.

준비

- 광고전단지, 책, 공공기관에서 출판된 연구로부터 정보 수집하기(게임리더)
- 같은 마음인 사람들의 주장 모으기

게임 실시

- 첫 번째 토론단계 : 시장은 모든 사람을 시회의에 초청한다.
- 자문단계 : 같은 마음인 사람들이 서로 자문해 주거나 더 많은 정보를 수

집하기 위해 휴회한다.

- 두 번째 토론단계 : 토론을 다시 시작한다. 조정, 영향 주기, 반대 같은 다양한 방법이 사용될 수 있다.
- 평가 : 관찰자들은 참가자들의 언어적 행동과 전술적 행동을 평가한다.

시뮬레이션 게임은 보통 토론 게임으로 실시된다. 가족 테이블, 회의실, 또는 식당이 무대장치로 사용된다.

심판은 게임이 끝났을 때 게임을 판단한다.

주의사항 : 두 집단이 동시에 시뮬레이션 게임을 준비할 수 있다. 어떤 역할은 두 사람이 연기할 수 있다. 또한 자신의 역할 설명을 써넣은 '자유' 참가자를 지명하는 것도 가능하다. 이 참가자들은 불확실성이나 뜻밖의 일 같은 요소를 도입하여 그 게임을 활기 있게 만들 수 있다.

변형

- 만약 두 집단이 있다면, 그들은 게임의 중심부분을 차례로 연기할 수 있다 (연기하지 않고 있는 다른 집단은 그동안에 방을 나가거나 청중으로 관찰한다).
- 만약 두 집단이 있다면, 준비단계 이후에 한 집단의 참가자들은 관찰자 역할을 맡는다. 그들 각각은 참가자 한 사람씩을 맡아 관찰한다. 관찰자는 자문단계에서 자기가 관찰한 사람들에게 조언을 할 수 있다. 게임 반영에서 그들은 자신들이 관찰한 것을 보고한다.

관련게임

76 : **정치 놀이** ◆ 92 : 저수지

92

저수지

준비물 : 인쇄된 역할 설명서

목표

- 인지기술 훈련하기
- 프로젝트 방해하기
- 자기주장 배우기
- 수사학적 기술 훈련하기
- 역할 배우기

게임방식 : 이 게임은 91번 게임(**새 고속도로**)과 비슷하다. 게임을 어떻게 준비할 것인지에 대한 방법을 알기 위해서는 181쪽의 "시뮬레이션 게임의 표준구조" 부분을 참조하라.

상황의 기술 : 좁은 산길로 갈 수 있는 작은 스키장을 제외하고는 대부분 훼손되지 않은 나무숲으로 둘러싸인 나무골짜기를 통과하며 시냇물은 굽이쳐 흐른다. 목가적인 산 호수는 산으로 둘러싸여 있고 야생공원은 여행자들을 끌어당긴다. 목초지는 드물게 사람들이 거주한다. 강물은 담수여서 낚시하기에 좋다. 여름에는 주민들이 수영하러 모래톱을 찾는다. 강의 흐름은 몇몇 수로와 댐에 의해서만 중단될 뿐이다. 그러나 신문기사에 따르면, 댐을 지어 호수를 저수지로 만든다는 말이 있다. 정부 관리는 강의 흐름, 지역 에너지 필요, 환경적 영향에 대한 전문가 보고서를 의뢰했다. 이 일은 시민, 기업, 비영리 단체와 정부 사이에 많은 논쟁을 불러일으켰다. 그러나 조처는 아직 취해지지 않았다.

　　여섯 명의 참가자들은 특정 역할이 주어진다(다음 참조). 집단의 다른 참가자들은 보통 시민과 '자유로운' 참가자로 나뉠 수 있다. 시민은 여섯 명의 참가자들이 설득해야 하는 사람들이다. '자유로운' 참가자들은 자신의 역할 설명을 쓰고 자기 자신의 역할을 만든다. 이상적으로는 댐 건설을 주장하는 사람과 반대하는 사람들이 균형을 이루어야 한다.

역할 기술 1 : 여관주인은 30년 동안 그곳에 살았다. 그녀의 여관은 인기 있는 행선지다. 그녀는 어떤 변화도 바라지 않는다. 그녀가 옳지 않다는 반박을 들었을 때 불끈 성을 낸다.

역할 기술 2 : 건설노동자, 30세로 세 아이의 아버지이고 현재 비고용상태이다. 의미 있는 혁신을 반대하지 않는다.

역할 기술 3 : 해운회사 주인, 40세로 혼자 산다. 그의 사업은 그 시기에 잘되고 있지 않고 큰 건설 프로젝트에 매우 크게 의존하고 있다. 대화에서 종종 완강하다.

역할 기술 4 : 교사, 25세. 그곳에 사는 아동들의 수가 적어서 학교가 곧 폐교될 수 있기 때문에 그녀가 이 마을에 얼마나 오래 살지 알 수 없다. 그녀는 환경론자로 간주된다. 대화 시 설교하는 성향이 있다.

역할 기술 5 : 야생공원의 주인, 60세. 그녀는 설득하기 어렵다. 그녀는 자신의 야생공원에 대한 당국의 입장에 동의하지 않는다.

역할 기술 6 : 시장, 52세. 그와 함께 호수로 수영하러 가는 걸 좋아하는 손자들이 여럿 있다. 그는 열성적인 낚시꾼이다. 그는 모든 투표권자를 기쁘게 하려고 한다. 시 예산이 부족하다.

추가 정보

수리권 당국자의 말 : "우리가 의뢰한 연구에 따르면, 댐 건설은 댐 아래 지역의 수질을 2등급 정도 더 낮게 만든다."

"낚시권은 댐 운영사인 전력회사로 이관될 것이다. 낚시 카드 또한 관광객들에게 싸게 발행될 것이다. 댐 아래의 수위는 2/3 정도로 떨어질 것이다. 어족은 줄어들 것이다."

"노 젓는 배나 모터보트로 저수지를 돌아다니는 것은 전력회사의 허락이 있으면 가능할 것이다."

고위정부관리의 말 : "선거 전에 수력발전으로 전력공급이 증가할 것을 약속한다. 에너지 수요가 일 년 동안 2% 증가했다. 우리는 발전소가 필요해서 정부는 이 마운틴 브룩을 포함한 모든 미개발된 강에 대한 연구를 의뢰 중이다."

자연보호단체의 말 : "우리는 댐 건설을 반대한다. 이곳은 이 지역에서 마지막으로 남은 대부분 개발되지 않은 골짜기이다. 골짜기의 일부분은 정부가 계획하고 있는 자연보존지역 안에 있으며 계획된 용수전용(물공급) 댐은 이것의 오른쪽 외곽에 위치하게 될 것이다. 많은 멸종위기동물, 특히 희귀한 송골매는 계획된 용수전용(물공급) 댐 주변에 서식지가 있다. 희귀한 백합이 이곳에서 발견된다. 우리는 모든 힘을 다해 댐 건설을 반대할 것이다."

여행사 직원의 말 : "댐 건설을 지지하는 주장 : 도로가 좋아질 것이고 관광객 흐름을 다루기가 더 좋아질 것이다. 저수지 주변에 수영센터나 스포츠센터 같은 휴식 리조트를 열 수 있다. 관광사업은 후한 대출이 제공될 수 있다."

"댐 건설을 반대하는 주장 : 조용한 곳을 좋아하는 관광객들은 오지 않을 것이다. 건설하는 수년 동안 현재의 관광이 줄어들 것이다. 건설노동자들은 이것을 대체할 충분한 사업을 가져오지 못할 것이다. 그러나 모두 합하면 관광사업의 수입은 같은 정도가 될 것이다."

전력회사의 말 : "낮은 수위로 인해 마운틴브룩은 절대적으로 필요해졌을 때 단지 작은 발전소를 건설할 위치로 간주될 것이다. 위치가 저수지에 부적합하다고 생각될 수 있다. 전력회사는 큰 비용으로 이것을 건설할 것이다. 우리는 주민들의 반대가 걱정스럽다. 그것이 건설을 수년간 지연시킬 것이기 때문이다."

관련게임

56 : 교실 설계하기 ◆ 57 : 아파트 설계하기 ◆ 58 : 도시 설계하기 ◆ 76 : 정치 놀이

◆ 91 : 새 고속도로

립싱크

목표

- 자기주장하기
- 협동 배우기

립싱크 같은 **사회적 역할극 게임**의 목표에 대한 더 많은 정보는 뒤쪽에 있는 주의 사항을 참조하라.

게임방식 : 최근 과제를 얼마나 잘 완수했는지에 근거해 두 명의 참가자를 뽑아 학급에 발표하게 한다.

교실 밖에서 두 사람이 함께 발표 계획을 세운다. 한 참가자는 말을 할 것이고 다른 참가자는 행동 부분을 다루며 자기 파트너가 말하는 것에 맞춰 입술을 움직인다. 그런 다음 역할을 바꾼다.

예

- 라디오 아나운서
- 편의점 출납원
- 교사

생각해 볼 점

- 여러분은 말하는 유형에 가까운가, 아니면 행동하는 유형에 가까운가?
- 이 게임은 여러분이 파트너에 대해 더 인내심을 갖도록 도왔는가?

관련게임

94 : **그림자 놀이** ◆ 95 : **역할 바꾸기** ◆ 96 : **인터뷰** ◆ 97 : **보고서** ◆ 98 : **도플갱어**

◆ 99 : 안과 밖 ◆ 100 : 에픽 게임 ◆ 101 : 개별화된 영향력

사회적 역할극의 주의사항 : 이 책에서 언급된 대부분의 역할극은 사회적 역할극이다. 그들은 주로 다음에 있는 5개 목표를 기르는 데 초점을 둔다.

1. 역할 거리 : 자신이 연기하고 있는 역할에서 떨어져 자신을 보는 능력
2. 다양한 관점을 관대하게 다룰 수 있게 되기 : 역할이나 상대역, 보조 역할에서 생긴 좌절감을 참는 것 배우기
3. 공감 : 역할극에서의 파트너에게 반응적이 되기
4. 시스템 의식하기 : 자신의 행동이 집단이 행동하는 방식을 바꿀 수 있음을 인식하기
5. 단결하여 행동하기 : 함께 계획하고 행동해서 목표를 달성할 수 있게 되기

넓은 의미에서 역할극은 항상 사회적 역할극이다. 모든 게임이 사회적 학습을 포함하기 때문이다. 역할극은 게임에서 사회적 행동을 기르고 발달시키며 통찰력을 주고 사회적 관계를 만들며, 사회적 상호작용을 보여 준다. 그들은 또한 갈등과 가능한 해결책을 보여 주고 언어적 및 비언어적 의사소통 모두를 필요로 한다. 이처럼 역할극은 상호이해와 사회적 학습에 크게 기여할 수 있다.

그림자 놀이

목표

- 활동 소개하기

사회적 역할극 게임의 목표에 대한 더 많은 정보는 188쪽의 "사회적 역할극의 주의사항"을 참조하라.

게임방식 : 어느 게임이든 기본형으로 게임을 한 이후에는 방관자 집단 또는 '그림자' 참가자들이 하는 것을 팬터마임으로 하는 동안 다시 한 번 더 게임을 한다. 몸을 사용하여 그들은 참가자들이 하고 있는 것이 무엇인지를 더 잘 이해할 수 있다.

생각해 볼 점 : 이런 식으로 몸을 사용하여 여러분이 더 강렬하게 경험한 것은 게임의 어떤 부분인가?

관련게임

93 : **립싱크**와 이 게임에서 제시된 관련게임 모두

역할 바꾸기

목표

- 갈등 다루기
- 권위 인물과 아웃사이더 이해하기
- 힘 다루기

사회적 역할극 게임의 목표에 대한 더 많은 정보는 188쪽의 "사회적 역할극의 주의사항"을 참조하라.

게임방식 : 또 다른 게임에 있는 한 장면을 즉석에서 수행한 뒤에 참가자들은 역할을 바꾸어 그 장면을 다시 연기한다. 다른 회기에서는 다른 역할을 하므로 그들은 완전히 자신들의 행동을 바꾸려 한다.

예

- 한 참가자가 다른 참가자의 생일 선물을 갖고 있다. 그러나 그는 너무 부끄러워서 선물을 제대로 주지 못한다.
- 남을 괴롭히는 아이가 어떤 사람의 점심을 가져가려고 한다.

생각해 볼 점

- 여러분은 어느 역할이 더 편하게 느껴졌는가?
- 여러분 의견으로는 누가 정확하게 행동했는가?

관련게임

93 : **립싱크**와 이 게임에서 제시된 관련게임 모두

인터뷰

목표

- 동기와 배경 밝히기
- 행동 이해하기

사회적 역할극 게임의 목표에 대한 더 많은 정보는 188쪽의 "사회적 역할극의 주의사항"을 참조하라.

게임방식 : 역할극을 수행한 후에(아래 예를 보라), 리포터가 한 참가자를 인터뷰한다.

예 : 그 참가자가 엄격한 아버지 역할을 한다고 하자. 그는 질문을 받을 수 있다. "당신이 아이를 양육하는 방식은 무엇인가요?" "여러분의 아들과 관련해 특히 여러분을 괴롭히는 것은 무엇인가요?" "여러분은 어떻게 길러졌나요?"

생각해 볼 점 : 역할극의 동반자들은 인터뷰에서 어떤 부가적인 정보를 얻었는가? 그들이 그 장면을 다시 연기한다면 이 정보가 그들의 행동에 영향을 주는가?

관련게임

93 : **립싱크**와 이 게임에서 제시된 관련게임 모두

사회적 역할극 게임

보고서

준비물 : 테이프리코더

목표

- 행동 분석하기 및 해석하기

사회적 역할극 게임의 목표에 대한 더 많은 정보는 188쪽의 "사회적 역할극의 주의사항"을 참조하라.

게임방식 : 하나의 역할극 장면을 팬터마임으로 연기한다. '리포터'가 어떤 일이 일어났는지를 적절한 스타일로 언급한다. 리포터의 보고는 녹음될 수 있다. 그 테이프를 들었을 때 참가자들은 그 역할을 다시 해 보지만 리포터의 보고에 따라서 한다.

주의사항 : 리포터가 행동을 따라 언급할 있도록 게임은 슬로모션으로 할 수 있다. 대안으로 리포터는 "중지!"라고 소리칠 수 있다. 휴식 동안에 리포터는 앞에서 이루어진 것에 대해 보고할 수 있다.

생각해 볼 점

- 리포터는 참가자들의 행동을 정확하게 해석하였는가?
- 어떤 유형의 행동이 잘못 해석되는 경향이 더 많았는가?

관련게임

93 : **립싱크**와 이 게임에서 제시된 관련게임 모두

도플갱어

목표

- 다른 사람의 정서에 대한 인식 훈련하기
- 느낌을 비언어적으로 표현하기

사회적 역할극 게임의 목표에 대한 더 많은 정보는 188쪽의 "사회적 역할극의 주의사항"을 참조하라.

게임방식 : 역할극의 기본 형태를 수행한 후, 참가자들은 그 장면을 말 없는 팬터마임으로 재상연한다. 모든 역할 연기자의 뒤에는 또 하나의 참가자가 있으면서 자신이 생각하는 연기자의 생각이 무엇인지를 큰 소리로 표현한다.

생각해 볼 점

- 왜 역할극 대화에 우리의 진정한 감정과 생각 모두가 나타나지 않는가?
- 우리는 보통 언제 우리의 생각과 감정을 억압하는가?

관련게임

93 : **립싱크**와 이 게임에서 제시된 관련게임 모두

사회적 역할극 게임

안과 밖

목표
- 금지를 가시적으로 하기

사회적 역할극 게임의 목표에 대한 더 많은 정보는 188쪽의 "사회적 역할극의 주의사항"을 참조하라.

게임방식 : 집단 내의 한 관찰자가 생각하기에 역할극을 하는 참가자가 제대로 자신의 태도를 표현하지 못한다고 생각되는 시점에서 "중지!"라고 외친다. 그러면 그 관찰자가 그 역할을 맡아 그 장면을 다시 진행한다. 그 관찰자는 자기가 "중지!"라고 외쳤던 지점까지 역할극을 하면서 그가 생각하기에 원래의 역할자가 실제 느꼈을 부분을 보여 준다. 이제 원래 역할자가 그 역할을 이어받아 게임을 계속한다.

생각해 볼 점
- 원래 역할자는 관찰자가 제시한 변형에 대하여 어떻게 생각하는가?
- 두 번째 회기에서 원래 역할자는 자신이 원래 역할극을 하던 방식을 선호할까 또는 관찰자가 하던 방식을 선호할까?

관련게임
93 : **립싱크**와 이 게임에서 제시된 관련게임 모두

에픽 게임

목표

- 어떤 행위의 대안적 방식 시도해 보기

사회적 역할극 게임의 목표에 대한 더 많은 정보는 188쪽의 "사회적 역할극의 주의사항"을 참조하라.

게임방식 : 역할극의 기본 형태를 수행한 후, 그것을 안 해 본 사람을 게임리더로 지정한다. 새 게임리더는 세부사항들을 변경하여 자기가 좋아하는 형태로 그 줄거리를 이야기한다. 몇 개 문장을 이야기한 후에 새 게임리더는 "시작!"이라고 말하면서 역할극 참가자들에게 신호를 주어 이제까지 이야기한 내용을 역할극을 하도록 한다. 게임리더가 "중지!"라고 말하면 게임은 거기서 끊기고, 게임리더는 그 이야기를 계속한다.

주의사항 : 다른 대안들은 추가로 게임리더들을 투입하여 제공될 수 있다.

생각해 볼 점 : 줄거리의 어느 버전이 참가자들에게 가장 '올바르다'는 느낌을 주었는가?

관련게임

93 : **립싱크**와 이 게임에서 제시된 관련게임 모두

개별화된 영향력

목표

● 개별적인 희망이 사회적 규범과 항상 일치하지는 않는다는 것 발견하기

사회적 역할극 게임의 목표에 대한 더 많은 정보는 188쪽의 "사회적 역할극의 주의사항"을 참조하라.

게임방식 : 역할극의 기본 형태를 수행한 후, 집단 구성원들은 사람들에 의해 수행되기는 했으나 그 사람들의 선호와는 반대되는 사회적 규범에 대해 생각해 본다. 어떤 규범이 여기서의 요구와 갈등할까?

예 : 날씨가 아주 좋다! 피터의 친구들이 그의 집 앞에서 축구 한 게임을 하는데 같이 하자고 독촉한다. 그는 친구들에게 오늘은 공부하러 가야 한다고 말한다. 그 후 얼마 동안 친구들은 더 이상 그를 찾아오지 않는다. 이 예에서, 의무감과 놀고자 하는 욕망은 서로 갈등관계에 있다.

두 명의 외부 관찰자들이 '의무'와 '놀이' 사이의 논쟁을 이야기한다.

생각해 볼 점

● 두 사람 중 누가 더 강력한 주장을 하였는가?
● 강력한 주장은 항상 승리하는가?

관련게임

93 : **립싱크**와 이 게임에서 제시된 관련게임 모두

찾아보기

【ㄱ】

감정 10, 12, 14, 16, 18, 21, 23, 25, 27,
  31, 49, 168
개인 목표 116, 118, 119
거부 49
경쟁심 147
고정관념 95
공감 145
공격성 18, 151, 153, 154, 165
공포 151, 153, 163, 165
공포 줄이기 104, 106, 107
관계 114
기분 10, 12, 14, 16, 18, 21, 23, 25, 27,
  31, 176

【ㄴ】

남의 입장 86, 88, 89, 91

【ㄷ】

단결력 84
동반자 역동 93

【ㅁ】

민감화 172
민주적 행동 116, 118, 119

【ㅂ】

배려하기 104
분업 93
브레인스톰 33
비공격성 165
비언어적 86, 88, 133

【ㅅ】

사려 58
사회 의식 45
사회적 의식 72, 79, 81
사회 지각 168, 170, 172
설득하기 149
성격 특성 45, 47
소통하기 86, 88
수용 49
수줍음 14, 98
시각 기억 40, 54, 56, 73
시각적 의식 72, 84
시지각 21, 108, 160, 168, 170
신뢰 106, 107, 131, 133
신뢰하기 66
신체언어 168, 170

【ㅇ】

언어 기민성 93

연결관계 141

워밍업 98, 100, 102, 104, 106, 107

의사소통 16, 50, 60, 68, 72, 133, 176

인지기술 180, 183

【ㅈ】

자기 묘사 43

자기의식 47

자기 이미지 38, 41, 42, 49, 77, 81

자기 정체감 43

자기정체성 52

자기주장 180, 183, 187

자기평가 50, 110

정서 지각 170, 172

정직성 64

집단 목표 116, 118, 119

집단의식 62, 66, 84, 107, 108, 110, 112, 136, 138, 139

【ㅊ】

창의성 56, 93

청음지각 25

청지각 125, 129

촉지각 21, 123, 127

【ㅌ】

통합되기 108, 110, 112, 114

통합하기 116, 118, 119, 120, 123, 131, 136, 138, 139, 141

팀워크 88, 89, 91, 95

【ㅎ】

협동 120

협동하기 112, 114, 116, 118, 119, 133

협업 93

특수 범주로 배열한 게임

더 진전된 게임

8 : 무드 음악

10 : 기분 주사위

12 : 생각 끝내기

17 : '나' 박물관

18 : 재주와 특성

20 : 성격의 조각

21 : 도움 요청

23 : 내 이름은?

27 : 도중에 만나다

28 : 두 가지 면접

29 : 일회성 비밀

31 : 소문 공장

35 : 예 아니요 예 아니요

38 : 스무 고개

42 : 우리는 같은 생각을 하고 있어

44 : 두 작가, 한 이야기

45 : 우연한 동반자

51 : 구피 게임

54 : 우리는 닮았어

55 : 생일 선물

56 : 교실 설계하기

57 : 아파트 설계하기

58 : 도시 설계하기

59 : 우주 탐험

61 : 맹인과 영화

62 : 일상생활에서의 맹인 역할

63 : 맹인 집단

64 : 맹인 연합

65 : 난청

66 : 사지 장애

69 : 집단에서 나의 자리

70 : 거미집 망

75 : 칭찬 대통령

76 : 정치 놀이

77 : 위협의 원

79 : 전쟁춤

80 : 대결

82 : 보안요원

83 : 첩보원 게임

87 : 동상 집단

88 : 가족 동상

91 : 새 고속도로

92 : 저수지

93 : 립싱크

94 : 그림자 놀이

95 : 역할 바꾸기

96 : 인터뷰

97 : 보고서

98 : 도플갱어

99 : 안과 밖

100 : 에픽 게임

101 : 개별화된 영향력

큰 공간이 필요한 게임

48 : 어두운 숲 속에서 길을 잃다
49 : 뿌리에 걸려 넘어지다
50 : 수풀을 통과해서
84 : 추적

소품이 필요 없는 게임

2 : 플래시 불빛 게임
4 : 기분을 표현하는 신체언어
14 : 누가 그렇게 말했나?
22 : 내 이름에 대한 이야기
23 : 내 이름은?
29 : 일회성 비밀
31 : 소문 공장
33 : 좋아하는 장소
39 : 꼬투리 안의 콩알 두 개
47 : 이름 사슬
48 : 어두운 숲 속에서 길을 잃다
49 : 뿌리에 걸려 넘어지다
50 : 수풀을 통과해서
51 : 구피 게임
52 : 원 안으로 들어와
63 : 맹인 집단
64 : 맹인 연합
67 : 집단망
68 : 생일 파티
75 : 칭찬 대통령
77 : 위협의 원
78 : 다툼
79 : 전쟁춤

81 : 시련
84 : 추적
85 : 얼어붙은 쌍
86 : 정서 조각하기
87 : 동상 집단
88 : 가족 동상
89 : 기분 표시기 동상
90 : 정지 화면
93 : 립싱크
94 : 그림자 놀이
95 : 역할 바꾸기
96 : 인터뷰
98 : 도플갱어
99 : 안과 밖
100 : 에픽 게임
101 : 개별화된 영향력

신체접촉이 있는 게임

48 : 어두운 숲 속에서 길을 잃다
49 : 뿌리에 걸려 넘어지다
50 : 수풀을 통과해서
51 : 구피 게임
62 : 일상생활에서의 맹인 역할
63 : 맹인 집단
64 : 맹인 연합
65 : 난청
67 : 집단망
78 : 다툼
81 : 시련
84 : 추적

음악이 필요한 게임

46 : 구두점

79 : 전쟁춤

85 : 얼어붙은 쌍

86 : 정서 조각하기